北出勝也

[編著]

クラスで楽しくビジョントレーニング

見る力を伸ばして学力&運動能力アップ！

図書文化

なぜ学校で
ビジョントレーニングなのか？

私たちは**情報の8割を眼から**得ているといわれます。
眼から得た情報は，脳で情報処理され，その情報をもとに体を動かす
という一連の働き（視覚機能）があります。
近年この，**見え方（視覚機能）に課題があり，**
学習・運動に支障をきたしている子どもたちの存在が
明らかになってきました。
そんな子どもたちの**見え方を改善**するのがビジョントレーニングです。
トレーニングには**ボディイメージ，眼球運動，視空間認知**
の3種類があります。
まずは，学級で一斉に行える「眼の体操」などの
トレーニングを行ってみましょう。
そのなかで，子どもたちの課題を見つけ，
苦手なものを中心にトレーニングを行うといいでしょう。
個人差はありますが**1日5〜10分・3カ月**継続すると
効果が表れはじめます。
課題をもっている子どもだけでなく，課題をもっていない子どもの
学習・運動能力の向上や集中力アップ
にもつながります。
トレーニングには，課題をもつ子どももももたない子どもも
一緒に学級で一斉に行えるものが多くあります。
本書のトレーニング例や実践編でご紹介する先生方の例を参考に，
ぜひ，**学校でビジョントレーニングを！**

学校でビジョントレーニングをおすすめする理由(わけ)

まずはビジョントレーニングを行ってみよう！

学級で一斉に行える「眼の体操」（6, 90ページ）を行ってみましょう。その際，子どもたちの眼の動きに着目して観察しましょう。眼がよく動いていない子どもは，見え方に「困り感」をもっているかもしれません。

見え方に 困り感をもっている子
板書を写すのが遅い，字をとばして読む，球技が苦手など。

見え方に 困り感をもっていない子
自分では，見え方に困り感をもっていない（自覚していない）。

簡易アセスメント（課題の把握）

視覚機能以外の課題の可能性	課題あり	実は課題あり	課題なし
↓ 他の支援へつなぐ足がかりになります。※各種専門的な検査，療養機関との連携など。	一斉でのトレーニングのほか，個別指導も検討してください。必要に応じて，視覚機能の専門機関との連携のほか，視覚機能以外の課題が関係している場合は複合的な支援を。	本人に自覚がなくても視覚機能に課題があることも。一斉でのトレーニング，場合によっては個別トレーニングもあわせて行いましょう。	視覚機能に課題のない子も，トレーニングを行うことで学習力（読む速さや正確性の向上など），運動能力や集中力アップなどが期待できます。

個別トレーニング
個々の子どもの課題・発達段階に合ったトレーニング

一斉でのトレーニング
学級全体で一斉に行える眼の体操やワークシートを使ったものなど

ビジョントレーニングは すべての子どもの学ぶ力の育成に！

ビジョントレーニングで育つ力とは？
―― 「六つの力」が子どもの自信に！――

　「見る力（視覚機能）」に課題があるため，読み書きや細かい手作業，球技などの運動が苦手な子どもたちがいます。こんな子どもたちが，見る力を高めるビジョントレーニングを継続して行うと，視覚機能が向上し，以下の六つの力が高まります。

　すると，子どもたちからはこんな声が聞けるようになるでしょう。「スルスル読めるようになって，文章問題が得意になった」「漢字が覚えられるようになった」「ハサミが上手に使えるから工作が楽しくなった」「サッカーのボールが止められた」――「できた！」がふえていくこと，それは直接子どもたちの自信につながるのです。

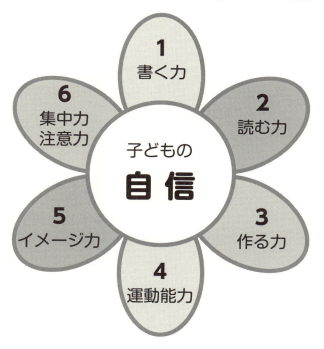

ビジョントレーニングで育つ六つの力

ビジョントレーニングで育つ六つの力

1	書く力	・短時間で板書を写すことができる。 ・マスからはみ出さず，形を整えて文字が書ける。 ・ひらがな・カタカナの書き間違え(鏡文字など)がなく正しく書ける。 ・形を整えて図形が正しくかける。 ・筆算ではケタをそろえて書ける　など。
2	読む力	・行をとばして読んだり読み間違いをしたりせず音読できる。 ・文章をスムーズに読める。 ・文章問題を理解して解ける　など。
3	作る力	・ハサミを上手に使って直線・曲線の上を切ることができる。 ・定規を使って正しく長さを測ったり，きれいに線を引いたりできる。 ・紙を折る，ひもを結ぶなど手先を使う作業が容易にできる　など。
4	運動能力	・ものとの距離感を理解して，つかんだりよけたりできる（例：球技で飛んでくるボールを受けたり，打ったりすることができる）。 ・お手本どおりに体操やダンスができる。 ・平均台をバランスよく渡ることができる　など。
5	イメージ力	・数字や漢字が正しく覚えられる。 ・文字や図形の形を正しく把握できる。 ・上下左右を正しく認識できる。 ・目的地までの道順が覚えられる。 ・忘れ物が少なくなる　など。
6	集中力 注意力	・落ち着きが出る。 ・授業中，学習や作業に集中できる　など。

「できた！」が増えて子どもの自信になる
学ぶことが好きになる！　運動が好きになる！

まず，やってみよう！「眼の体操」――『手のひらを太陽に』版

ビジョントレーニングの基本，「眼の体操」をやってみましょう（90ページ参照）。
曲に合わせて「指示」のようにリズミカルに眼だけを動かします（所用時間2分弱）。
※実際は歌詞をつけずに行います。曲に合わせて「指示」と「予告指示」をあらかじめ録音しておくと便利です。

（事前の指示）さあ，眼の体操を始めましょう。よい姿勢で座りましょう。顔は動かさないで眼だけを動かしましょう。
（前　　奏）両手の親指を立てて肩幅に開きましょう。

| 歌詞 → | ぼくらはみんな生きている | 生きているから歌うんだ | ぼくらはみんな生きている | 生きているからかなしいんだ |

| 指示 → | 左，右，左，右 | 上，下，上，下 | 右上・左下，左下・右上 | 左上・右下，右下・左上 |
| 予告指示 → | | （今度は上下） | （今度は斜め） | （反対も斜め） |

| 手のひらを太陽に | すかしてみれば | まっかに流れる | ぼくの血潮（ちしお） |

| 左から右，右から左 | 上から下，下から上 | 右上から左下，左下から右上 | 左上から右下，右下から左上 |
| （親指1本で） | （今度は上下） | （今度は斜め） | （反対も斜め） |

| ミミズだって | オケラだって | アメンボだって | みんな | みんな生きているんだ | 友だちなんだ |

| （今度は円をかきます） | （反対の丸） | （今度は寄り眼です） | 遠くを見て，指を見て，近づける（2回） |

```
『手のひらを太陽に』（作詞：やなせたかし／作曲：いずみたく）
日本音楽著作権協会（出）許諾第1706868－701号
```

はじめに

　米国留学を終えて帰国してから18年になります。ビジョントレーニングを教育現場でも実践している場所が増えてきました。まだまだ少ないのですが，全体で取り組む学校も増えてきています。保育園，幼稚園，小学校，中学校，高校，放課後のデイサービスなどさまざまな場所での実践が広がってきています。

　視覚機能を伸ばすためには，まず身体の運動機能からトレーニングしていくことが大切だということを米国で学びましたが，身体のボディイメージやバランスを鍛えることが大事だということが，大勢の先生方の実践のなかであらためてわかってきました。眼と身体はつながっています。身体をうまく安定させることがむずかしいと眼球をコントロールする力にも影響を与えますし，ボディイメージは視空間認知の力とも関連しています。

　子どもたちの問題にどこから手をつけていいかわからないという先生や保護者も多いと考えられますが，本書では大勢の先生方の事例を掲載させていただきましたので，取り組みのとてもよい参考になると思います。10年以上ビジョントレーニングを実践されている先生方の事例や最近始めたばかりの先生方の事例，どれを読んでも学ばせていただくことが多く，私にとっても大変勉強になります。

　眼の体操を根気よく取り組んでくださっている先生のクラスでは，アニメソングや童謡，流行の曲などを流して，リズムにのってトレーニングをされています。1学期間，毎日取り組んでいただいたクラスでは，字を書くのがきれいになってきた子が出てきたり，運動会や音楽会などの行事に関しても，みんなで一緒に取り組もうという一体感が生まれたというお話も聞きます。ビジョントレーニングは，学級経営にも役立つとのことでした。学級の中にはいろいろなレベルの「見る力」の子がいますが，みんなで一緒に取り組むことができるのがビジョントレーニングのよいところです。必要な子には個別に取り組むこともできますし，いろいろなレベルで取り組んでいくこともできます。

　クラスみんなで楽しくトレーニングに取り組んでいただき，子どもたち一人一人が楽しい学校生活を過ごしながら，勉強や運動に必要な力を身につけていただくことが，この本が作られた目的です。事例提供にご協力くださったすべての先生方，図書文化社編集部のみなさまに感謝いたします。文字どおり，みんなで作り上げられたこの本が多くの方々のお役に立てることを心から願っています。

平成29年6月11日
米国オプトメトリスト
北出　勝也

クラスで楽しくビジョントレーニング
Contents

　なぜ学校でビジョントレーニングなのか？　2
　ビジョントレーニングで育つ力とは？　4
　まず，やってみよう！「眼の体操」　6
　はじめに　7
　サポートページ（ホームページ）のご案内　11

　序章　1　ビジョントレーニングからみえてくる子どもの困り感　12
　　　　　2　眼科検診にみる子どもたちの視覚機能の現状　15

第Ⅰ部　基本編

第1章　ビジョントレーニングガイダンス　19

1　子どもの「見え方」に目を向けよう　20
2　視覚機能の基礎とビジョントレーニング　22
　　眼球運動とは　24／眼球運動のトレーニング　25
　　視空間認知とは　26／視空間認知のトレーニング　27
　　ボディイメージとは　28／ボディイメージのトレーニング　29
　　実践例　「先生できたよ！」──ビジョントレーニング後の子どもの変容　30

第2章　見る力（視覚機能）のアセスメント　33

1　学校でできる視覚機能のアセスメント　34
　　眼球運動のチェック　36
　　視覚機能チェックリスト（観察）　38
　　見え方に関するアンケート　40
2　視覚機能（見え方）チェックシート　41
　　見え方チェック（初級編）　44／見え方チェック（上級編）　48
　　実践例　「見る力テスト」と「地の色アンケート」　52
3　視覚機能を詳しくアセスメントするには　53
　　実践例　学級におけるビジョントレーニングの効果（DEM測定）　57
4　見過ごされている「近見視力不良」の子どもたち　58
　　実践例　学校でできる検査の実際（近見視力・視覚機能検査）　62
　　Column　近見視力を簡易チェック　64

第3章 学校でやってみよう！ビジョントレーニング　65

1　学校にビジョントレーニングを取り入れるには　66
年間プログラム例・長期休みのトレーニング（宿題）例　70
2　ビジョントレーニングを始めよう　71

ボディイメージのトレーニング＆チェック　72

- ①眼を閉じて「その場足踏み」　74
- ②ラインウオーク　75
- ③片足ケンケン（片足跳び）　76
- ④トランポリン　77
- ⑤タッチ＆ゴー　78
- ⑥アヒルとハト　80
- ⑦まねっこ体操「むずかしいポーズに挑戦！」　82
- ⑧両手でグルグル「エアー円かき」　83
- ⑨お手玉 de トレーニング　84
- ⑩指タッチ「見ないで動かそう」　85
- ⑪スムーズにかこう　86
- ⑫おはじきいくつ握れるかな？　87
- Column　家事のお手伝いはビジョントレーニングの宝庫！　88

眼球運動のトレーニング　89

追従性・跳躍性眼球運動，両眼のチームワークのトレーニング
- ①眼の体操「眼のあっちこっち体操」　90

追従性眼球運動のトレーニング
- ②線なぞり　92
- ③線めいろ　93

跳躍性眼球運動のトレーニング
- ④見つけてタッチ＆ランダム読み　94
- ⑤単語タッチ＆単語ランダム読み　95
- ⑥なぞなぞ＆言葉探し　96
- ⑦ひらがな単語読み　97

両眼のチームワークのトレーニング
- ⑧片眼で行う寄り眼のレッスン　98
- ⑨紙上ブロックストリング　99

視空間認知のトレーニング　100

- ①点つなぎ　101
- ②図形カード①順番を覚えよう　102
- ③図形カード②場所を覚えよう　103
- Column　視空間認知のトレーニンググッズ　104

第Ⅱ部　実践編

第4章　教育現場での実践例　105

Stage 1　学級・学校・地域の取り組み，幼児の事例
　学級でトレーニングを行うコツ　106
　「毎日・5分・1年間」のトレーニング効果　110
　視写「10分間スピードチェック」で変化を見とる　114
　教員間の連携で地域に広がる取り組みに！　118
　[実践例] グッズの工夫で手軽にわかりやすく眼の体操を！　121
　保健指導から全校へ！　122
　教員集団のスキルアップから子ども理解を深める　126
　地域全体で「視覚機能育成」を！　130
　特別支援学校での視覚機能に関する「教育相談」とは　138
　ビジョントレーニングを取り入れた運動遊びとその効果　140
　通信制高校サポート校の取り組み　145
　[実践例] 長期休みの課題にビジョントレーニングを　146

Stage 2　気になる子どもの支援の事例
　課題のある子もない子も一緒に　148
　「困り感」に寄り添う環境整備　150
　保健室でのビジョントレーニング　152
　ビジョントレーニングを糸口に　154
　[Column] 「見えにくさ」をカバーする環境整備　156

Stage 3　個別支援の事例
　トレーニングによる改善で，学習支援へスムーズに移行　158
　集団適応をめざした通級指導　160
　毎日3分×2カ月の取り組みで自信を回復！　164
　「困り感」にそったトレーニングプラン　166
　支援機関でのトレーニングと学校との連携　168
　肢体不自由のある生徒の移動支援　170
　不器用で作品作りができない生徒の支援　172

ビジョントレーニングについて相談できる機関　174
編著者／分担執筆・取材協力者　175

> 本書と既刊本のワークシート等が
> ダウンロードできる！

サポートページ（ホームページ）のご案内

　ビジョントレーニングをより手軽に，より効果的に実践するために，本書のサポートページをご活用ください。
　サポートページのおもな目的は以下のとおりです。

①トレーニングシートのダウンロード
　本書で紹介したトレーニングのシート（ワークシートを使用するもの）と視覚機能（見え方）チェックシート（44〜51ページ）のほか，未収録の見本パターンのバリエーションも入手することができます。加えて，『学ぶことが大好きになるビジョントレーニング』『同パート2』（北出勝也著／図書文化）※のシートの一部および未収録の見本パターンもダウンロードできます（下記サポートページ「トレーニングのグッズとワークシート」よりダウンロード可能）。

②トレーニンググッズの購入方法の紹介
　ビジョントレーニングのパソコンソフト，視覚認知トレーニングセット（視覚認知パズル，ペグボード，スティックパズル　ワークシートつき），持ち方矯正グリップ（ペンシルグリップ）等，グッズの購入ページにリンクしています。

②ビジョントレーニングや著者についてのお知らせ
　北出勝也先生の研修会の情報，トレーニング等の情報を掲載。眼の体操の動画『ビジョン・トレーニング』（91ページ参照）ともリンクしています。

③実践者の交流，情報交換
　ビジョントレーニングを実践している全国の先生方の取組みを紹介しています。

サポートページへのアクセス方法

　図書文化社ホームページにアクセスし，教育図書トップの「サポート情報」から『学ぶことが大好きになるビジョントレーニング』のサポートページをご覧ください。

●サポートページ　http://www.toshobunka.co.jp/books/vision/vision.php
　パスワードを求められましたら，下記を入力してください。
●パスワード　vision

※なお，既刊2冊は以降，『ビジョントレーニング』『ビジョントレーニング2』と簡略表記します。

序章

1 ビジョントレーニングからみえてくる子どもの困り感
―― 教師に求められる「困り感を見とる力」と「学校現場で生かす力」

浜田 啓久（南あわじ市立八木小学校教諭）

子どもの困り感を見とるために，まず教師が「見る力」を学ぶ

　最近，視覚機能（見る力）に課題をもつため，一生懸命読んだり書いたりしようとしても，本人や教師にとって満足のいく結果が出せない子どもたちがいることが明らかになってきました。こうした現場から，私たち教師に求められる力は，子どもたち一人一人の「困り感を見とる力」，それを「学校現場で生かす力」だといえると思います。

　それには，まず，教師自身が「見る力」とは何かを学ぶことが大切になります。
　学校現場で行われている，いわゆる「視力検査」は，①片眼ずつ，②5m離れたところから，③止まった状態でどのように見えているか（Cの形に似た指標「ランドルト環」の隙間のあいている方向を言わせる）を調べるものです。学校生活でこの検査結果が生かされる場面は，せいぜい座席配置の参考程度です。

　実際の学習場面で必要とされる見える力は，①両眼で，②40cm程度離れたノートと数m離れた黒板との，③往復運動という動きのなかでの「見える力」です。この場合の「見える力」については，学校の従来の視力検査ではまったく把握できません。

　そこで勤務校では，見え方の専門家である北出勝也氏を初めて講師に招き，研修会を行いました（平成22年）。いままでなかった貴重な研修会ということで，近隣の小中学校はもちろん，南あわじ市教育長など多くの教育関係者の参加がありました。

　以下，研修会参加者のアンケートの一部を引用します。

> 「無知は罪」なのだと思い知らされました。「精神論」は教師のエゴ？　だと思い知らされました。「できない」には理由があり，的をはずした指導では何も効果があがらないのだということを学びました。お話を聞きながら，思い浮かぶ子どもが何人かいました。無知な自分は「精神論」をふりかざして，指導とはいえない指導を行っていました。もっともっと子どもに寄り添った指導を心がけたいと思いました。視覚機能のトレーニングをいつ，どこで，どれだけ自分のクラスで，教師という立場で行うことができるのか，悩みながらいろいろと試していきたいと思います。

このアンケートの記述は，一教師の「子どもたちの見え方への課題意識」にとどまりません。現に研修中，「これまで出会った子どもたちのなかから，何人もの顔が思い浮かんできた」というベテラン教師が数多くいたのです。

北出氏を招いた学習会は，私たち自身の感じている課題が，市内においても共通した課題として意識されるきっかけとなりました。

「勉強嫌い」と思われていた子どもの変容から私たちが得たもの

視覚機能の研修が始まったころのことです。学年の引き継ぎの際にAくん（5年生）の話題になりました。Aくんは，「勉強嫌いで，書くことになると机に顔を突っ伏してしまう」という申し送りを受けていました。

教材『うつしまるくん』（光村教育図書）で視写を実施すると，10分間で40字という結果でした。5年生になった時点で，単純計算で1分4文字しか写せないというわけです。「みんなでAくんを待ってあげましょう」という教師の声かけが，これまでどれほど彼を追い詰め続けたのだろうかと想像すると，授業中，机に顔を突っ伏してしまう彼の気持ちがようやく理解できました。

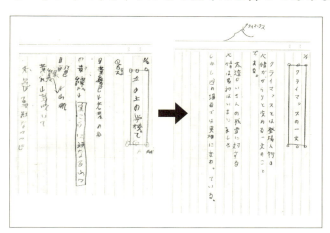

トレーニング前と後（半年後）のAくんの国語ノート変化

こうして，Aくんのビジョントレーニングが始まりました。本人の努力，保護者，福祉との連携の中で，3カ月後10分間の視写は，4倍の178字に，12月には6倍の240字に伸びていきました。

変化したのは単純な数値だけではありません。授業中，手をあげて発言するようになったり，音読に挑戦するようになったりと，教師，保護者だけではなく，クラスの子どもたちの多くがAくんのがんばりを認めるようになっていました。

視覚機能以外のアセスメントの引き出しも多くもつ

「黒板の文字が写せない」という子どもを前にしたとき，「どうしてできないのか」という背景を見とれるかは，教師に不可欠な技能です。その際，「視覚機能の発達の遅れという観点からアセスメント」をまず行うといいと思います。

私の経験からも，それほど視覚機能のアセスメントによる発見は大きいのです。

北出氏によると，視覚機能の弱さを抱える子どもは，①ADHA，②LD・ディスレクシア，③先天的な発達障がいはないが，視覚機能そのものに弱さがある，以上の大きく三つに分けられるといいます。

　教師に子どもたちの視覚機能の知見があれば，写すのが遅い，漢字の習得が悪い，音読がたどたどしい，ボール運動が苦手，といった日常的な子どもの生活の様子から視覚機能の弱さに気づくことができます。そこから何らかの発達障がいの可能性に気づくことができたり，視覚機能のトレーニングで困り感を解消できたりと，一人一人の個別の配慮につなげることができるのです。

　ただし，視覚機能の発達の遅れによるものかもしれないというのは，あくまで可能性の一つだということも，しっかりと押さえておきたいものです。学習面・行動面・対人面などの観点別で考えてみるなど，たくさんの項目があげられることが大切です。思いつくままにあげてみますと，

・行動面……作業が続かない。視点がスムーズに動かせない　など
・学習面……視点の移動が困難，書字のむずかしさ（不器用），識字，脱字，誤字，字形・行の乱れ，視覚性語彙の少なさ　など
・対人面……興味の偏り，意味や手順を無視する，理屈っぽい，指導者へのアドバルーン　など。

　以上の項目から，学習不振の背景にある原因は何か，視覚機能なのか，音韻やワーキングメモリーなのか，心理的な課題なのか……と一つ一つつぶしていかないと，効果的な支援の方策を見つけることはむずかしくなります。教師には，複数のアセスメントツールの引き出しをもつことが求められているのです。

学習マイノリティーの存在に光を当てる

　私自身，視覚機能をはじめ，音韻やワーキングメモリー等を学ぶうち，こうした知見を生かした指導方法は，もはや一部の教育関係者や特別支援担当教員だけのものではなく，子どもを指導するすべての立場の人間にとって，ごくあたりまえの知識であり技能でなければならないと思うようになりました。

　どのクラスでも数人，視覚機能や音韻処理の問題で学びのハンデを背負っている子どもがいます。このような「学習におけるマイノリティー」の存在に光を当てることができる教師，そして活躍の場を与えることができる教師こそ，人権感覚の高い教師といえるのではないでしょうか。この人権感覚とは，経験則だけでなく多くの専門家からの学びがあってこそ成り立つのです。今後も学びを止めることなく，学校全体で研修を進めていける職員集団でありたいと願っています。

2 眼科検診にみる子どもたちの視覚機能の現状
——読み困難を意識した学校眼科健診のあり方

　視覚機能については，徐々に認知されてきてはいるものの，視覚機能に課題をもつ子どもたちに対する支援は，まだ始まったばかりです。
　ここでは，「読み困難を意識した学校健診」を実施しているハマダ眼科（大阪府・濱田恒一院長）から提供いただいた資料をもとに，視覚機能に課題をもつ子どもの実態と学校眼科健診のあり方について考えます。

読み困難をもつ子どもたちの現状

　「『読む』または『書く』に著しい困難を示す児童生徒の割合は2.4％」といわれます。（平成24年「通常の学級に在籍する発達障害の可能性のある特別な教育的支援を必要とする児童生徒に関する調査」文部科学省）。
　「読み困難」については，眼の調整や眼球運動などの視覚機能障害に起因にしているという報告がある一方で，一般的には，「見え方・読み方の悩み＝視力の問題」ととらえられることが多いのが現状です。そのため，「視力（遠見視力）には問題がなく，読み書きが苦手」という場合，視覚機能の問題が見過ごされ，学習に支障をきたしている可能性があります。
　視力とは，「中心視力」のことで，網膜の中心部の視力をさします。視力はさまざまな視覚機能のうちの一部です。しかし，学校健診で行われている眼科検査は，一般的には養護教諭と教職員が実施する視力検査（遠見視力検査）のみです。
　学校医による健診は，「視診」で，眼の疾病・異常の有無を感染症眼疾患，その他の外眼部疾患，眼位（両眼の向きの傾向）の異常を視診しますが，全国の学校の約半数は，眼科学校医が設置されていません。
　そのうえ，眼球運動や視空間認知機能などの視覚機能の検査をする眼科は，ごく少数であり，読み困難を示す子どもたちに対する眼科的診断・支援は，限られた施設でしか行われていないのが現状です。

読み書き，学習に必要な視覚機能とは

　読み書きをはじめとする学習に必要な視覚機能には，以下の六つがあります。

> **学習に必要な視覚機能**
> ①視力──遠方・近方ともに同程度の判読能力があるか。
> ②調節力──ピント合わせの力が十分にあり，スムーズに機能しているか。
> ③注視・眼球運動──1点を集中してみることができるか。円滑に，またはすばやく正確に，視線を移動することができるか。
> ④両眼視覚機能──両眼のチームワークにより物を一つに，また立体的に見ることができるか。
> ⑤形態知覚・空間知覚ができているか。
> ⑥手と眼の協応ができているか。

　ハマダ眼科では，「読み困難」をもつ子どもたちに対して，適切な指導および必要な支援を行うため，視覚機能評価を取り入れた学校健診を行っています。

> **視覚機能評価を取り入れた眼科健診の実際（ハマダ眼科）**
> ①読みに関する自覚症状のアンケート（3年生以上）
> ②視力検査時に視能訓練士2～3名が参加して行う視覚機能検査
> ③眼科学校医による眼科検診（結膜炎等の視診だけでなく，視力も含め視覚機能の事前データ，アンケートの結果も踏まえ，眼科的ケアが必要であるかの判断。事前の検査で検出された眼位眼球運動などの不良は再度確認）

　2015年に行われた検査の結果から，子どもたちの現状をみていきましょう。

①「読み困難」の自覚症状が強い児童は，297名中11名

　小学校3年生以上で実施した「読みの困難に対する自覚症状のアンケート」（18ページ参照）は，学習に関する15項目の質問に5段階で回答してもらい，点数30ポイント以上を読みの困難について，「自覚症状が強い」としました。結果，自覚症状が強い児童が297名中11名。「自覚症状がやや強い」（16～29p）児童は47名でした。これまでの調査で，自覚症状の強い児童は，眼球運動の不良が有意に高いことがわかっています。

②視覚機能検査より，さまざまな課題が明らかに

　視力検査時に視能訓練士2～3名が参加して行った視覚機能検査の検査内容と検査結果（不良・やや不良の人数）は，以下のようになりました。
〔対象：全校生徒，所要時間：1クラス45分〕

- **遠見視力**：5mの距離で測る通常学校で行う視力検査──473名中，不良（0.6以下）が144名，やや不良（0.7～0.9）が82名
- **近見視力**：30～40cmの距離で測る視力検査──473名中20名が不良（0.7以

下），やや不良（0.8〜0.9）が48名（※近見視力が不良の場合，学習や読書時，一時的に眼鏡をかけたほうがよい場合もあります。）
- **眼位**：左右の眼球の向きの傾向。片眼がずれているのが斜視──473名中8名が不良
- **近見立体視**：専用図を用いて近距離（40cm）の奥行きを感じる力を調べる検査──473名中19名が不良（80秒以上），やや不良が55名（50〜60秒）
- **眼球運動**：眼の動きを調べる検査──473名中50名が不良（NSUCO※スコア1または2相当），やや不良（NSUCOスコア3相当）115名
- **輻湊近点**：両眼を寄せることのできる距離の限界を調べる検査──473名中40名が不良（10cm以上），やや不良（6〜9cm）が47名
- **調節近点**：ピントを合わせることができる最も近い距離を調べる検査──383名中28名が不良（13cm以上），やや不良（10〜12cm）が41名

読み困難を抱えながら，課題に気づいていない子どもが多い!?

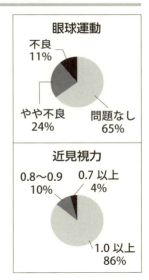

ハマダ眼科が実施した児童へのアンケートによると，「読み困難を強く自覚している児童」は297名中11名，「自覚症状がやや強い児童」は47名。読み困難を自覚している子どもの存在が明らかになりました。

視覚機能検査をみると，眼球運動不良の児童は473名中50名（11%），「やや不良」は115名（24%）。近見視力は，不良（0.7以下）473名中20名（4%），やや不良（0.8〜0.9）48名（10%）です。このような結果は，「見え方に課題がある」ことに気づいていない子どもたちが，少なからずいることを示唆しているのではないでしょうか。

読み困難については，視覚機能障害に起因しているという報告もあります。学校健診に読み書きに困難をもつ子どもを意識した視覚機能評価（自覚症状のアンケートおよび遠見視力・近見視力・眼位・近見立体視・眼球運動等）を標準として取り入れ，適切な視環境の提供および支援へつなげることが望まれます。

【出典】「学校眼科健診での取り組み」ハマダ眼科視能訓練士　大嶋有貴子
「読み困難を持つ児童を意識した学校健診の取り組み　第2報」大嶋有貴子，濱田恒一，庄司ふゆき，守田好江（2013）

※ NSUCO：ニューヨーク州立大学オプトメトリー大学院制作の眼球運動評価法（5段階）

読みの困難に対する自覚症状のアンケート（ハマダ眼科作成）

自分の目について考えてみよう

書いた日　　　年　　　月　　　日

＿＿＿年＿＿＿組＿＿＿番　名前＿＿＿＿＿＿＿＿＿＿＿＿

おたんじょう日　：　平成＿＿＿年＿＿＿月＿＿＿日

眼鏡をかけていますか？　　　　　　　（　いる　　　　いない　）
目医者さんに行ったことがありますか？　（　ある　・　ない　）
自分の目について知っていることがあれば書いてください。
（　　　　　　　　　　　　　　　　　　　　　　　　　　）

本を読んだり，勉強をしているときのことをおもいだして，つぎの質問に答えてください。
答はつぎの5つの中から選んで番号で書いてください。

```
0---------1---------2---------3---------4
ない     たまに    ときどき   しばしば   いつも
```

1　（　　）　目がつかれますか？
2　（　　）　気分が悪くなることがありますか？
3　（　　）　頭が痛くなることがありますか？
4　（　　）　眠くなりますか？
5　（　　）　集中できなくなることがありますか？
6　（　　）　読んだあと，何がかいてあるかおもいだせないことがありますか？
7　（　　）　ものがふたつにだぶってみえることがありますか？
8　（　　）　読もうとしている言葉や文字が動いたり，飛んだり，浮いたり，揺れてみえることがありますか？
9　（　　）　読むのが遅いほうだとおもいますか？
10　（　　）　目が痛くなることがありますか？
11　（　　）　たくさん歩いて足が痛くなるときと同じような感じで目が痛くなることがありますか？
12　（　　）　目のまわりがはれぼったくなることがありますか？
13　（　　）　読んでいるときに，文字がぼやけたり，またはっきりみえたりと変わってみえることがありますか？
14　（　　）　読んでいる場所がわからなくなることがありますか？
15　（　　）　同じ行や言葉を何度もよみなおすことがありますか？

保護者・教師コメント補足欄

Borsting EJ, Rouse MW, et al "Validity and reliability of the revised convergence insufficiency symptom survey in children aged 9 to 18 years" *Optom Vis Sci* 80: 2003, 832-838. を守田好江が改訳

第Ⅰ部　基本編

第1章

ビジョントレーニングガイダンス

子どもたちの「見え方」とは？
「視覚機能」って何？
どんなトレーニングをするの？
どんな効果があるの？

1 子どもの「見え方」に目を向けよう
――気づかれにくい視覚機能の課題

「あの子もそうだったのでは……」

　ビジョントレーニングを始められた先生が，視覚機能（見え方）に課題のある子を目の当たりにして，「思い返せば，かつての教え子のあの子も，きっとあの子も，そうだった（視覚機能の課題があった）のでは……。当時気づいてあげられていたら，と悔やまれます」――こんな声が多く聞かれます。

　板書を写し間違える，何度も同じ行を読んでしまう，似た文字を間違える，ハサミが上手に使えない，球技が苦手など……これらは，もしかしたら，本人の注意不足や努力の問題ではなく「見る力」に課題があるからかもしれません。

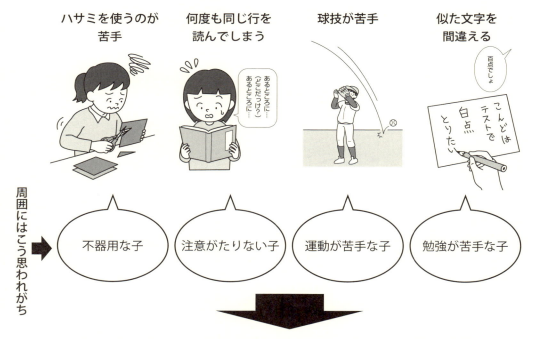

こんな子どもたちは，視覚機能に課題があるのかも……

気づかれにくい視覚機能の課題

　例えば，板書の写し間違いが多い子は「注意力・集中力が足りない」と思われることが多いと思います。「遠くの黒板に眼のピントを合わせ，書かれた文字の中からいま必要な情報をすばやく見つけ，手元のノートに眼のピントを合わせて書き写す」という一連の作業は，見え方に問題がない子には無意識に難なくできることです。しかし，眼の動きや視空間認知といった「見え方に課題のある子」にとっては，むずかしい作業なのです。

　読み書きが苦手，球技が苦手，工作などの細かい作業が苦手な子どもたちのなかには視覚機能の課題を抱えている場合が少なくありません。けれど，「見え方の課題」は外見からはわかりづらく，周りの大人も気づかない場合が多いのが実情です。見え方を他人と比べることはできません。幼少期から自分の見え方があたりまえになっているので，自分の見え方に問題があるとは気づいていないケースが多いのです。

　私はオプトメトリスト（視覚機能検査・訓練の専門職。55ページ参照）として，スポーツ選手のご相談にものります。オリンピック選手でさえ，検査を受けるまで，片方の眼が上手に使えていないことに気づいていなかったことがあるくらいです。発達段階にある子にわからないのは，当然のことといえるかもしれません。

視覚機能の課題の積み残しは，将来的にもハンディに

　視覚機能は，生後ゆっくりと発達していき，通常6歳くらいまでに基礎ができあがります。しかし何らかの要因で視覚機能の発達に遅れや偏りがみられる場合があり，これに気づかないまま小学校に入学すると，学習や運動の場面でつまずきがみられるようになります。「自分は勉強ができないのだ」「球技でみんなの足手まといになってしまう」——このように，子どもの学習・行動意欲はしだいに低下して，自信が失われてしまうのは悲しいことです。

　視覚機能の課題を積み残したまま大人になってしまえば，社会的なハンディを追うことになります。眼球運動の課題があれば読み書きが苦手なままですし，視空間認知に課題がある場合は，車の運転が苦手だったり，仕事の流れがイメージできなかったり……と，日常にさまざまな支障をきたします。

　学習や運動の課題は複雑で，視覚機能の発達を促せばすべてが解決するものではありません。しかし，一つの課題がはずれ，できることが一つ増えることは，子どもたちの自信につながっていくと思います。本書を手にとった先生方には，ぜひ，視覚機能の課題に目を向けていただきたいのです。

2 視覚機能の基礎とビジョントレーニング
――視覚機能の課題に合わせて効果的にトレーニングを

視覚機能とは「見ること」を活用するための総合能力

　人間は，情報の8割を視覚から得ているといわれます。視覚に問題があれば，日常生活に多くの支障をきたします。「見る力＝視力」と思われがちですが，視力は「見ようとする対象物を細かく見分けるための力」であり，視覚機能の一部です。視力はよくても視覚機能が弱いケースは少なくありません。

　視覚機能とは，日常生活のなかで「見ること」を活用するための総合能力，「総合的な見る力」といえるでしょう。私たちは，眼から入った情報が脳に入力され，脳によって処理された結果に応じて体を動かしているのです。以下の三つのプロセスのどこかに不具合があれば見えにくさが生じます。

視覚機能の3ステップ

①インプット――視覚情報を脳に入力する機能

　眼で映像を正しくとらえるために必要なおもな機能は，ものを細かく見分ける力「視力」。眼をすばやく動かしたり，なめらかに追いかけたりする眼の動き「眼球運動」。両眼を使ってものを立体的にとらえたり，左右の眼を連動させてピントを合わせたりする機能「両眼のチームワーク」も眼球運動の一つです。

⬇

②情報処理――視覚情報を脳で処理する機能

　眼から入った情報はすべて点・線でできています。これが脳内で分析され，「何かの形」として知覚されます（形態知覚）。同時に，見ているものとの位置関係を認識します（空間知覚）。このように，見たものの形態・状態，位置関係などを認識することを「視空間認知」といいます。

⬇

③アウトプット――視覚情報をもとに体を動かす機能

　眼で見たものを把握（視空間認知）できたら，位置や方向を確認し，手や体の動きを調整し，自分の体が適切に動くように脳が司令を出します。眼と体のチームワークによって，ものを手にとったり障害物をよけたりすることができるのです。

見る力に必要な三つの機能を高めるトレーニングを

　以上のように，総合的な見る力（視覚機能）には，「①対象物に視線やピントを合わせ，②見たものを脳で処理し，③体で対応する」という能力が必要になります。これら「視覚機能」が正しく作動することで，ものを正確にとらえることができるのです。

　視覚機能を高めるトレーニングには，大きく分けて三つあります。眼球運動のトレーニング，視空間認知のトレーニング，ボディイメージのトレーニングです。学校で行う場合は，まず「眼の体操」など一斉に行えるトレーニングを行うなかで，気になる子を見つけたり，アセスメントを行ったりして，子どもたちの苦手な部分を見つけ，該当のトレーニングを重点的に行うといいでしょう。

脳の活性化＆運動能力もアップ！

　トレーニングは，視覚機能に課題がある子はもちろん課題がない子が行っても一連の機能が高められます。実際，ビジョントレーニングを行っている先生方からは「集中力がついた」「落ち着くようになった」という声も多く聞かれます。

　トレーニングによって「総合的な見る力」がつくと，脳のシナプス（接合部分）が強化され，ニューロン（神経細胞）の結合が強まり，脳が活性化するといわれます。眼は体の動きを先行し体のバランス感覚に大きな影響を与えるので，総合的な見る力がつけば運動能力も向上します。

---

column　ビジョントレーニングは大人にも有効！

　書類上の見落としが多い，書類を読むのに時間がかかる，パソコンの入力作業で打ち間違いが多い，細かい手作業が苦手……こういった悩みの背景には，眼球運動の機能が十分に働いていないことがあるかもしれません。

　例えば，パソコンやスマートフォンの画面を長時間見ていて体を動かさないと運動不足になりますが，そのとき眼も一緒に運動不足になっているのです。眼球運動はおもに眼の筋肉の動きによる機能。動かさないと筋力は衰えてしまいます。逆にいうと，トレーニングを行って眼の筋力をつければ，機能は回復するといえます。ビジョントレーニングを始めるのに遅すぎることはありません。特に眼球運動は，大人になっても改善が期待できます。私自身，成人してから両眼のチームワークが弱いことに気がつき，トレーニングによって改善しました。先生方も，ご自身の見る力の向上のためにも，子どもたちと一緒に楽しみながら，トレーニングを行っていただきたいと思います。

眼球運動とは

　「視覚機能の3ステップ」のインプットにあたります。ものを見るときには対象物に視線を合わせピント調整します。このとき必要な眼球運動の働きは以下の三つに分けられます。

①追従性眼球運動
　動いているものや本に書かれた文字などを，眼でゆっくりと追いかける運動です。対象物をしっかり眼でとらえるには，対象物に合わせて正確に眼を動かす必要があります。

この働きが未発達だと

　視線を正しい位置に保てず，途中で対象物を見失い，眼と体のチームワークもできなくなります。
文字を読みとばす／本を読むのが遅い／文字がきれいに書けない，マスからはみ出す／ハサミを使って切るのが苦手　など

②跳躍性眼球運動
　ある一点から別の一点へ，ジャンプするように視線をすばやく動かして対象をとらえる眼球運動です。多数の情報の中から自分の必要な視覚情報を得るために大切な機能です。

　視線をすばやく動かすことができないので，必要な視覚情報を瞬時に得ることがむずかしくなります。
文字や行を読みとばす／板書を写すのが遅い，間違える　など

③両眼のチームワーク
　両眼で見て情報を融合させることで立体感・遠近感が得られます。近くを見るときは両眼を寄せて，遠くを見るときは両眼を開いて焦点を合わせる機能です。対象物にピントを合わせる調整力も眼球運動の大切な役割です。

　遠くから近くを見たときにピントが合わないなど，焦点が合いづらく，距離感もつかみづらくなります。
ものが二重に見える，ぼやける／ものによくぶつかる／球技が苦手／階段を下りるのが怖い／眼が疲れる，肩こり・頭痛　など

眼球運動のトレーニング

　眼球をスムーズに動かすために行う，いわば眼の筋肉のトレーニングなので，効果が表れやすいといえます。眼精疲労解消の効果なども期待できます。

必要な トレーニング

①追従性眼球運動のトレーニング
　眼と手を一緒に使って線やものをなめらかにたどる課題が中心です。
【トレーニング例】
眼の体操，線なぞり，線めいろ，お手玉 de トレーニング，コロコロキャッチ※　など

子どものやる気アップの言葉かけ

「本がスラスラ読めるようになるよ。テストもスラスラ解けるかも！」
「字がきれいに書けるようになるよ」

②跳躍性眼球運動のトレーニング
　ものを眼でとらえ速くピントを合わせるため，一点から一点へ視線を跳躍させて見る練習を行います。
【トレーニング例】
眼の体操，眼のジャンプ※，見つけてタッチ，ランダム読み，なぞなぞ＆言葉探し，単語読み　など

「黒板の文字が速く，間違えずにノートに写せるようになるよ」
「本がスラスラ読めるようになるよ」

③両眼のチームワークのトレーニング
　眼を寄せる・開くなど，両眼を同時に動かす練習を行います。
【トレーニング例】
眼の体操，片眼で行う寄り眼のレッスン，ブロックストリング，３Ｄビジョン※（図形を見ながら寄り眼・離し眼の練習）　など

「ものが見やすくなるよ」
「球技が得意になるよ」
「眼が疲れにくくなるよ」

眼球運動のトレーニングは89ページへ

※印は本書に未掲載のトレーニングです。拙著『ビジョントレーニング』『ビジョントレーニング２』（図書文化）に掲載されています（以下29ページまで同様）。

視空間認知とは

「視覚機能3ステップ」の情報処理にあたります。入力された情報を脳で処理する際，形や空間として認識するために視空間認知の機能が働きます。眼と体のチームワークや記憶とも関係します。

①対象物と背景を区別する働き

見たい対象物とその他のバックグラウンドを区別する働きです（図と地の分化）。眼に入るすべての情報の中から，ほしい情報だけを得るために必要な働きです。

この働きが未発達だと

多くの情報の中から必要な情報を見つけるのが苦手になります。
ものをなくすことが多い／道に迷うことが多い／探しものが苦手／大勢の中からめあての人が見つからない　など

②形を把握する働き

眼がとらえた映像を形などの情報として正しく認識する働きです。形を見分ける働きの一つには「仲間を見分ける働き」もあります。これは大きさや形によらず同じ形と認識すること。例えば，漢字の字体が変わっても，同じ漢字と認識できることです。

形や色を正しく認識するのが苦手になります。
図形問題が苦手／形の似た文字を間違える／文字を書くと形が崩れる／絵や図をかくのが苦手／探しものがなかなか見つからない／人の顔を覚えるのが苦手　など

③空間的な位置を把握する働き

眼で見たものを立体的に把握し，自分との距離感や大きさ，上下左右などを認識する働きです。

対象物との距離感や位置関係がつかみづらくなります。
球技が苦手／ものによくぶつかる／左右を間違える／長短，大小を比べるのがむずかしい／地図の読み取りが苦手　など

第1章 ▶ ビジョントレーニングガイダンス

視空間認知のトレーニング

　視空間認知は「ものを見て，さわって，動かし，また見る」という一連の動作の繰り返しで発達すると考えられます。形を記憶し再現する練習から始めましょう。

| 必要な
トレーニング | 子どものやる気アップの言葉かけ |

①対象物と背景を区別するトレーニング
　眼に入る情報の中から，ほしい情報だけを得るための練習を行います。
【トレーニング例】
同じ形はどれ？（多種の記号・図の中から指定したものを見つける）　など

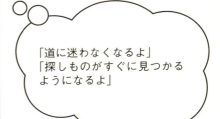

「道に迷わなくなるよ」
「探しものがすぐに見つかるようになるよ」

②形を把握するトレーニング
　眼がとらえた映像を線・形などの情報として正しく認識する練習や仲間を見分ける練習などを行います。
【トレーニング例】
模写，点つなぎ，図形カード①形を覚えよう，タングラムパズル，スティックパズル，ジオボード，ペグボードなど

「図形問題が解けるようになるよ」
「絵が上手にかけるようになるよ」

③空間的な位置を把握する働き
　立体的な把握，距離感や大きさ，上下左右を認識する練習を行います。
【トレーニング例】
図形カード②場所を覚えよう，道案内※（地図を見ながら言葉で道順を説明する）　など

「地図が読めるようになるよ」
「球技が得意になるよ」

視空間認知のトレーニングは100ページへ

ボディイメージとは

「視覚機能3ステップ」のアウトプットにあたります。情報をもとに体が適切に動くよう脳が司令を出します。自分の体を把握し眼と体のチームワークにより生活の動作が行えるのです。

①ボディイメージ
　（自分の体の認知）

　自分の体の大きさ，自分の体の部位の上下左右の位置感覚，動かすときの力加減や可動範囲など，自身の体に関する総合的な認識のことです。これが把握できれば，何をするときにもスムーズで正確な動きができます。

この働きが未発達だと

　体を動かすのがぎこちなかったり，ものとの距離感がつかめなかったりします。また，自分の体に上下左右の部位があるという認識がきちんとできていないと，外界の上下左右の位置感覚を正しく理解することができません。
靴などの左右を間違える／ものにぶつかることが多い／つまずくことが多い　など

②眼と体のチームワーク

　眼でとらえた形や位置の情報と手・体の運動を連動させる働きです。例えば，字を書くときに，視覚情報に合わせて指先をコントロールして運筆する，といったことです。

　体全体を使う運動から手先の操作まで，さまざまな運動面で不器用さがみられるようになります。字を書くときマスからはみ出す／体操やダンスが手本どおりにできない／球技や縄跳びが苦手／箸や鉛筆，ハサミがうまく使えない／衣服のボタンがうまくかけられない／楽器の音孔や弦の位置を間違える　など

ボディイメージのトレーニング

　眼で見た情報に瞬時に反応し，適切に体を動かすために必要な働きがボディイメージです。眼と体を連動する練習をします。

| 必要な
トレーニング | | 子どものやる気アップの言葉かけ |

①ボディイメージのトレーニング
　体の動きと視空間認知の能力を発達させるために，体の部位を細かく認識し，体のそれぞれの部位を意識して動かしていきます。初めは体幹部をコントロールするためにも，体を大きく動かすトレーニングから入りましょう。
【トレーニング例】
眼を閉じて「その場足踏み」，ラインウオーク，片足ケンケン，トランポリン，タッチ＆ゴー，アヒルとハト，まねっこ体操，両手でグルグル，くるくる歩き※（回転しながら線の上を歩く）など

「体が思ったようにスムーズに動くようになるよ」
「ぶつかったり，つまずいたりしなくなるよ」

②眼と体のチームワークのトレーニング
　眼でとらえた形や位置の情報と手・体の運動を連動させる練習を行います。
【トレーニング例】
お手玉 de トレーニング，指タッチ「見ないで動かそう」，スムーズにかこう，おはじきいくつに握れるかな？，点つなぎ，方向体操※（示した矢印の方向を指さす）など

「野球やサッカー（球技）で活躍できるようになるよ」
「ダンスが得意になるよ」
「工作が上手になるよ」
「楽器が上手に演奏できるようになるよ」

ボディイメージのトレーニングは72ページへ

実践例

「先生, できたよ!」
―― ビジョントレーニング後の子どもの変容

以下は, 加藤恵子先生（前鴨川市教育委員会主任指導主事）が市内小学校で教頭を務めたときにビジョントレーニングを行ったAくんの保護者と本人から受け取った手紙です。保護者と子どもの心情, トレーニング後の変化がよくわかります。

Aくんの保護者からの手紙

小学3年の次男のフリー参観, 国語の授業で物語を順番に読んでいく場面でした。息子の番のとき, 前の子が読んだところと自分の読むところを混ぜてしまったのです。1行目の次に3行目, 2行目……。緊張して間違えただけだろうと思い, 夜にもう一度読ませてみましたが, やはり同じ読み方になり, 違うページを試しても同様でした。比べてはいけないと思いつつ, 「長男はスラスラ読めたのに。この子は……」とショックでした。

なぜ1, 2年のころに気づいてあげられなかったのか。でも, どうしたらよいのかわかりません。思いついたのは, カラオケで息子の好きな歌の字を追って歌うこと, 大好きなゲームもロールプレイングゲームにして, 文を読まないと先に進めないものにしました。音読の宿題がないときでも, 毎朝, 本を5行ずつ読ませるようにしていました。

4年生になり, 担任の先生に相談しましたが, 解決できませんでした。教頭先生が気づいてくれなければ, 同じ状態が続いていたでしょう。教頭先生は, きちんと文章が読めない息子に, 毎日, 放課後の少しの時間を使って, ビジョントレーニングをしてくださいました。効果は徐々に出てきました。毎朝の本読みが普通に読めるようになってきたのです。算数の文章問題も理解できるようになり, 算数が楽しくなって喜んでいました（ゲームも楽しくなり, はまってしまいましたが）。

文章が読めない, 理解できないことから脱し, 言葉数も少なかった息子がたくさん話をするようになりました。話をしたくてもどう言っていいかわからなかったのだ, 話をまとめることも困難だったのだと, 初めて気づき, 申し訳ない気持ちでいっぱいになりました。6年生になり, 自信のついた息子は, 自ら学級委員長に立候補し, 算数ではクラスで一番の成績をとるようになりました。現在は中学生になり, 友達もたくさんでき, 部活もがんばっています。先日の三者面談でも将来の夢や行きたい高校をすでに決めており, 自分から担任に話すなど, とてもたくましく誇りに思えました。

教頭先生に感謝です。この言葉以外ありません。ありがとうございました。

中学生になったAくんからのメッセージ

> 読めなかったことに、不安があった。みんなについていけない。「読むことがない計算しかやりたくない」と思っていた。
>
> 教科書を開くと、たくさんの字がいっぺんに見えて、どこをどう読んでいくのか順番もわからなくて指で追ってもダメだった。句読点は目に入ってこなかった。
>
> 最初は、「なんで僕だけトレーニングするのだろう」と思ったけれど、トレーニングは楽しかった。だんだんわかってきたし、教頭先生と楽しくできた。
>
> いまは、普通にスラスラ読めるし、理解できるから中学の授業も楽しい。作文を書くことが好きになった。算数は文章問題のほうが点数はいい。
>
> 少しの間だったけど、トレーニングしてよかった。

---

column ◆ 本紹介 『ありがとう,フォルカー先生』

パトリシア・ポラッコ作・絵,香咲弥須子訳／岩崎書店／2001年刊

この絵本の主人公トリシャは、文字は「くねくねしたかたち」に、数字は「いまにもたおれそうな、ぐらぐらした　レンガのやま」にしか見えません。周りの子どもたちにからかわれて、トリシャの苦しみは増すばかり……。次第に「ずるやすみ」をするようになります。

5年生になったとき、新しい先生、フォルカー先生がやってきます。フォルカー先生はトリシャの類いまれな絵の才能とともに、苦手な部分も見抜きます。

「きみは　かならず　よめるようになる。やくそくするよ」

それから放課後の特訓が始まりました。黒板にスポンジで大きな丸をたくさん書いたり、字の形をした積み木を使って言葉を組み立てたり……。特訓の成果で、とうとう読めるようになったトリシャは学校が大好きになります。

30年後、ある結婚式でトリシャはフォルカー先生と再会します。

「どんなしごとを　しているの?」

「しんじられますか?　こどもの本を　かいているんですよ。

せんせい、ほんとうに　ほんとうに　ありがとうございました」

――読むのが苦手で苦しんでいた子どもが、ある教師との出会いをきっかけに人生を切りひらいていった物語です。続編『ありがとう、チュウ先生　わたしが絵かきになったわけ』とともに、おすすめの本です。本書は作者の自伝的なお話です。パトリシア・ポラッコは1944年生まれのアメリカ人。作者が子どものころの1950年代、1960年代ですでに米国ではビジョントレーニングが行われていたのです。日本でも学校でビジョントレーニングが広がり、「日本のフォルカー先生」がたくさん登場することを願っています。

> 先生,できたよ!

「かく力」に着目し,ビジョントレーニングによる子どもたちの成長の具体例を紹介します。

Aさん・小学校2年生

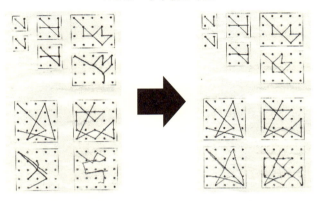

左はトレーニング前,右は6カ月トレーニングを行った後の模写。以前よりも形を正しくとらえることができるようになりました。

Bさん・小学校2年生

上はトレーニング前,下は2カ月トレーニングを行った後の漢字テスト。だいぶ正しく書けるようになり筆圧も強くなりました。

Cさん・小学校4年生

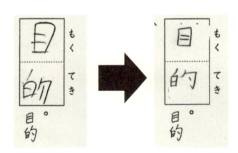

左はトレーニング前,右は6カ月ビジョントレーニングを行った後。「的」の最後の一画の向きが正しく写せました。線の方向を正しくとらえることができるようになりました。

第2章

見る力（視覚機能）の アセスメント

学校でできるアセスメントは？
視覚機能を詳しくアセスメントするには？

1　学校でできる視覚機能のアセスメント
――課題に応じて効果的にトレーニングを行うために

視覚機能チェックで子どもたちの課題を把握

　ここでは，学校でできる視覚機能の簡易アセスメントを四つ紹介します。
　①指標を使った「眼球運動のチェック」
　②個々の子どもを観察することで課題を見つける「視覚機能チェックリスト」
　③子どもたち自身に答えてもらう「見え方に関するアンケート」
　④視覚機能（見え方）チェックシート
　①②は個別に行うものですが，③④は学級で一斉に行うことができます。その他，学校全体で行った例として井阪幸恵先生の実践例を紹介します。
　また，学校できる視覚機能チェックの可能性として，学校健診で近見視力検査の実施を提案されている髙橋ひとみ先生の研究報告と，学校健診で近見視力検査と保健室で各種検査を実施されている小宮圭子先生の実践を紹介します。

①眼球運動のチェック
　スティックやペンなどを指標にして，眼球運動（追従性・跳躍性眼球運動，両眼のチームワーク）をチェックします。

②視覚機能チェックリスト
　本リストは，今関裕恵先生（2004）の調査をもとに作成したものです。日常の観察や子どもの行動から，視覚機能に課題があると思われる子どもについて，視覚機能のチェックを行い，「視覚機能チェックの解説」を参照のうえ，個々の子どもたちの課題を把握してください。大きく分けて，チェックリストの1〜10は眼球運動（追従性・跳躍性眼球運動，両眼のチームワーク）にかかわる項目，11〜16は視空間認知，ボディイメージにかかわる項目になっています。チェックの多くついた苦手な項目のトレーニングを中心に取り組んでみましょう。
　なお，「見え方」の課題には，視覚機能以外の要因が複雑にからんでいる場合があります。チェックリストは簡易的なものですので，その他アセスメントとの併用や，場合によっては，後述する専門機関での検査なども検討してください。

③見え方に関するアンケート
　本アンケート用紙は，①「視覚機能チェックリスト」項目（1〜16）にあわせてハマダ眼科制作「読み困難に対する自覚症状のアンケート」（18ページ）を参

考に自覚症状の項目（17～20）を加え，作成したものです。項目の17～19にチェックがついた場合は，視力（遠見・近見）や両眼のチームワーク等，視覚機能の課題が，項目の20はワーキングメモリーに課題がある可能性があります。

　子どもたちへの「アンケート」という形でアセスメントを行うと，子どもたち本人が感じている困り感を確認することができます。ときには，教師が行った「視覚機能チェック」とは異なる実際の子どもの困り感に気がついたり，本人が困り感に気づいていないことがわかったりします。なお，鴨川市でも，児童・生徒対象のアンケート用紙を作成・実施しています（132ページ参照）。

　視覚機能の課題が見つかった場合は，ビジョントレーニングを行って視覚機能の発達を促すほか，眼鏡の着用や教材の工夫といった環境整備も大切です。

④視覚機能（見え方）チェックシート

　ワークシートで視覚機能（眼球運動と視空間認知）のチェックができます。課題のある子を見つけるための簡易スクリーニングとして参考にしていただければと思います。便宜上，初級編（低学年・中学年向け）と上級編（中学年・高学年向け）に分かれていますが，学級の実態に即して難易度は変えてください。

学習・日常生活向上の一つの手だてとしてトレーニングを

　学習障害（LD），注意欠陥・多動性障害（ADHD）をもつ子どものなかには，視覚機能に課題があるケースが多くみられます。また，自閉傾向（社会性，コミュニケーションに弱さがみられる）がある子どものなかにも，視覚機能に課題がみられることがあります。ADHDは，脳の前頭葉の神経伝達の問題ともいわれていますので，ADHDの子どもが眼球トレーニングを行うことで前頭葉のトレーニング，注意力のトレーニングになるとも考えられます。

　視覚機能に課題がある場合には，その課題を見きわめ，課題に働きかけるビジョントレーニングに取り組むことをおすすめします。状態にもよりますが，多くの場合，トレーニング開始から3カ月後には効果を実感できると思います。

　ただし，例えば，視覚機能に加えて音韻に課題があるなど，複合的な要素が絡み合っている場合，ビジョントレーニングによって，課題が一気に解決するわけではありません。しかし，「見る力」が発達することは確かです。それによって，スムーズに読めるようになったり，漢字を覚えられたり，球技が苦手でなくなったり……と，「困り感」の一部分がはずれていきます。小さな一歩が次の一歩につながり，その子の自信につながります。子どもたちの伴奏者である先生方には，小さな一歩を子どもと一緒に喜びながら，学習・日常生活をしやすくする手だての一つとして，ビジョントレーニングを続けていただけばと思います。

眼球運動のチェック
――基本的な眼の動き（3種の眼球運動）を確認

事前のチェック

「眼球運動チェック」の前に，子どもが静止している視標を5秒間注視できるか確認してください。これができない場合は，静止物をじっと見つめる次のトレーニングから始めます（トレーニング前のウオーミングアップにもなります）。

> ①近くを見つめる
> 　近くに置いたもの（おもちゃ，文具など）をじっと見つめてから指でタッチする。または，それを手で持ち上げて，じっと見る。
> ②遠くを見つめる
> 　窓から外の景色を見て，遠くにあるもの（草花，看板など）に注目する。

眼球運動のチェックの仕方

準備

視標（スティック）を準備します。視標は鉛筆やボールペン等でも構いませんが，先に子どもの好きなキャラクター等が付いたスティックを使うと，より興味をもって楽しく行えます。②の跳躍性眼球運動のチェックでは2本使います。異なるキャラクターを二つ用意する，青と赤など，異なる色のボールペンを使う，あるいは○×などのマークを視標の先に付けるなどして，区別がつくようにしましょう。

やり方

立位あるいは座位，どちらでも可能です。
①子どもの眼の前に視標をかざします。
　「このスティックの先をじっと見てください。これから私がスティックを動かしますから，目線で追いかけてください。頭や体は動かさないようにして，眼だけを動かすようにします」とやり方を説明し，まず教師が見本をみせてから始めましょう。
②子どもの顔の前で視標を動かし，しっかり眼を動かして視標をとらえているかを確認します。

①追従性眼球運動のチェック

対象をゆっくりと眼で追う動きを確認します

　子どもの顔から視標までの間隔は40cmくらいに保ち，20〜30cmの範囲で縦・横・斜めにゆっくりと視標を動かし，子どもがそれを眼で追う様子を観察します。

【こんな場合はトレーニングが必要】
- どうしても体や頭が動いてしまう。
- 眼が途中で止まって，視標から視線がはずれる。
- 視標を追わず，動きを予想して眼を動かそうとする。

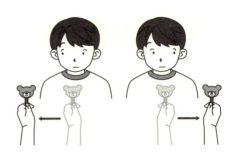

②跳躍性眼球運動のチェック

すばやく眼を動かす動きを確認します

　子どもの顔から視標までの間隔は40cmくらいに保ち，2本の視標をかざし，「青」「赤」など見る視標を指示します。30cmの範囲で縦・横・斜めに視標を動かし，子どもがそれを眼で追う様子を観察します。

【こんな場合はトレーニングが必要】
- どうしても体や頭が動いてしまう。
- 眼が途中で止まってしまう。
- 直線的ではなく，曲線的に眼を動かす。

③両眼のチームワークのチェック

両眼の方向をそろえて見る動きを確認します

　視標が一つに見えていることを確認します。50cm離れたところから，両眼の間にゆっくりと視標を近づけていきます。

【こんな場合はトレーニングが必要】
- 視標が眼から10cm以上離れたところで二つに見える。
- 10cm以上離れたところで片眼がはずれ，両眼で見ていない。
- 10cm以上近づけると，はっきり見えない（理想は2〜3cm）。

視覚機能チェックリスト（観察）

	質問	チェック
1	音読のとき，行をとばしたり，同じところを何回も読んだり，読んでいる場所がわからなくなったりすることがある。	
2	読むときに，非常に時間がかかる。	
3	読むときに，大きく頭や体を動かす様子がみられる。	
4	近くを見るときに，頭を斜めにして見ようとしたり，しきりに眼をこすったりする様子がみられる。	
5	黒板に書かれた文をノートなどに書き写すこと（板書）に時間がかかる。	
6	文字を書くときに，マスからはみ出したり，読めないくらい形が整わない文字を書くことがある。	
7	筆算の計算で，ケタを揃えてノートに書き，計算することがむずかしく，書いているうちにケタがずれてしまうことがある。	
8	ボール運動が苦手で，投げられたボールをうまく受け取ることがむずかしい。	
9	ハサミを使って直線上や曲線上をうまく切ることができず，不器用である。	
10	作業や話を聞くときなど，集中して見ることが苦手で，たえず視線を動かす様子がみられる。	
11	書くことが苦手で，漢字をなかなか覚えられない。ひらがなや漢字の書き間違いが多い（鏡文字など）。似たような漢字を間違えることがある。	
12	図形の問題が苦手で，かくことが苦手な図形（例えば，ひし型など）がある。	
13	計算はできるが，文章題になると理解することがむずかしく，答えが出せないことがある。	
14	ダンスや体操で，まねをして体を動かすことが苦手である。	
15	見たものや人物，ものの形などをかくことが苦手である。	
16	靴など，生活のなかで左右を間違えることがある。	

視覚機能チェックの解説（考えられる課題）

	解説	
1	眼球をスムーズに動かせないため，行の途中で文字をとばしてしまったり，違う行に目線が移ってしまったりすることから起こりやすい問題です。	1〜10にチェックがある場合、眼球運動のトレーニング（89ページ〜）を行いましょう
2	文字を音の情報に変換することに時間がかかってしまう場合や，目線を行にそって正しく速く追えないため，速く読めないことがあります。	
3	眼がスムーズに動かないため，頭や体を補助的に動かしながら読んでしまうため起こります。	
4	両眼のチームワークの問題で，両眼を揃えて同じ方向に向けるのがむずかしい場合があります。両眼で見ようとすると文字が二重に見えてしまうため，それを避けるために無意識に片眼だけで見ようとするのです。	
5	両眼のチームワークの問題から起こる場合，近くを見るときに両眼を寄せる，遠くを見るときに離すという動作が効率よくできないために速く写せないことがあります。	
6 7	手先の器用性から起こる場合のほか，目線が鉛筆の先をとらえられていない場合や，眼の動きと手の動きがうまく協調できない場合，正しい文字の形をイメージできていないために，うまく書けない場合もあります。	
8	眼球運動の問題で，ボールの動きをしっかりとらえられていないことから起こります。	
9	手先の器用性と関連がありますが，目標となる線をしっかりとらえる眼の動きができているかどうかも問題になります。	
10	注意・集中力の問題と関連しています。眼球運動をコントロールしている脳の前頭葉は，注意を司る場所でもあります。注意集中が苦手な子どもは眼球運動のコントロールが苦手な場合もあります。	
11	文字の形を正しく認識・イメージできないことが考えられます。文字の形の上下左右の方向性の理解，線の交わり方の理解がむずかしいことがあります。	11〜16にチェックがある場合、ボディイメージ（72ページ〜）・視空間認知（100ページ〜）のトレーニングを行いましょう
12	図形の形を正しく認識・イメージできないことが考えられます。特に三角形やひし形など，斜めの線がある図形によくみられます。	
13	単純な計算ならできても，文章の意味を読み取って，出来事をイメージするのがむずかしいことが考えられます。	
14	眼でとらえた形や位置の情報と手・体の運動を連動させる「機能」がうまく働いていないことが考えられます。	
15	外の世界を見て，それを抽象的にイメージするのがむずかしいということが考えられます。	
16	体には右半身と左半身があることを，理解できていないと考えられます。自分の体の中の右と左が理解できれば，ものの位置関係も理解できます。	

見え方に関するアンケート

当てはまるところに○をつけてください。

年　　組　名前 _____

	質　問	チェック
1-①	音読のとき，行をとばしてしまう。	
1-②	同じところを何回も読んでしまう。	
1-③	読んでいる場所がわからなくなる。	
2	本を読むのが遅い。	
3	読むときに，頭や体を動かしながら読む。	
4	近くを見るときに，頭を斜めにして見ようとしたり，見えにくいので眼をこすったりすることが多い。	
5	黒板に書かれた文をノートなどに書き写すのに時間がかかる。	
6-①	文字を書くときに，マスからはみ出してしまう。	
6-②	文字を一生懸命に書いても形が整わない。	
7	筆算の計算で，ケタを揃えてノートに書くことがむずかしい。	
8	ボール運動が苦手で，投げられたボールをうまく受け取れない。	
9	ハサミを使って直線上や曲線上を上手に切ることがむずかしい。	
10	作業中や話を聞くときなど，集中して見ることが苦手。	
11-①	書くことが苦手で，漢字をなかなか覚えられない。	
11-②	ひらがなや漢字の書き間違えや似た漢字を間違えることがある。	
12	図形の問題が苦手で，かくことが苦手な図形（ひし型など）がある。	
13	計算はできるけれど，文章題は理解することがむずかしく，答えが出せないことがある。	
14	ダンスや体操で，まねをして体を動かすことが苦手。	
15	見たものや人物，ものの形などをかくことが苦手。	
16	くつを左右逆にはいてしまうなど，左右を間違えることがある。	
17	眼が疲れることが多い。	
18	ものが二重に見えることがある。	
19	文字がぼやけて見えることがある。	
20	読んだあと，何がかいてあるか思い出せないことがある。	

2 視覚機能（見え方）チェックシート
——学級で一斉に行える簡易スクリーニング

「見え方チェックシート」について

　「見え方チェックシート」は，学級で一斉に行うことができるワークシートです。トレーニングを始める前に，視覚機能に課題のある子を見つけるための簡易スクリーニングの一つとしてご利用ください。また，トレーニング後に再度実施して，効果測定に利用することもできます。

　ほかにも，まず学級全体で「眼の体操」などを行い，追従性眼球運動が苦手そうだと気がついた子どもに，個別に「線を眼でたどろう」などのシートを使って状態を確認するといった方法もあります。このように，テストは項目ごとに1ページずつ分かれているので，単発で行うこともできます。

　チェックシートは以下の4種類です。

---
① 「文字を探そう」跳躍性眼球運動
② 「線を眼でたどろう」追従性眼球運動
③ 「点をつなごう」視空間認知，眼と体のチームワーク
④ 「同じ形はどれ？」視空間認知

　学級で一斉に実施する場合，①～④のシート一つずつ，時間を区切って行いましょう。5分ほどで全部のシートを実施することができます。

　シートは各2種類あり，便宜上，初級編（低学年・中学年向け），上級編（中学年・高学年向け）としていますが，どちらを使うかは，子どもたちの実態に合わせて検討してください。また，子どもたちの実態に即して，課題のレベル調整をしたり，図形を入れかえたりして，応用していただければと思います。

　「両眼のチームワーク」は，ワークシートを使った一斉チェックがむずかしいので，トレーニングの際に学級で個々の子どもの様子を観察するか，「眼球運動のチェック」（36ページ）を個別に行ってください。同様に「ボディイメージ」も，トレーニングをしながらアセスメントを行いましょう（72ページ～）。

　チェック後は，苦手が多かった子どもの課題を中心にトレーニングを行うといいでしょう。四つともできた子どもも，視覚機能にまったく問題がないということではありません。「眼の体操」などで視覚機能を高めていきましょう。

各シートの説明

(1)「文字（数字）を探そう」──跳躍性眼球運動のチェック

内容 数字やひらがながランダムに並んだ表の中から，眼をすばやく動かして，指定された文字を見つけ，○を付けます。

やり方 「よーい，スタート」で一斉に始め，ストップウォッチを使って1分間行います。まずは，縦に1行ずつ読むように指示してください。実施時間は，30秒，1分，1分30秒など，子どもたちの実態に合わせて加減してください。文字数も実態に合わせて加減してください。

留意点 数字表・ひらがな表のほか，カタカナ，数字，ローマ字表も使えます。数字表よりもひらがな表のほうが，一般に読むのに時間がかかり，むずかしい課題になります。課題の縦横の文字数でも難易度が変わります。

また，1文字（例：「わ」）を探すだけでなく，単語に○を付けさせることも可能です（例：2文字「ねこ」，3文字「すいか」）。右図のように，絵や図形を使うと視覚認知のチェックにもなります。

「動物を見つけよう」
北出勝也『ビジョントレーニング2』
（図書文化）

時間内に最後まで終わらなかった子どもや，○を付けた個数が少ない子どもは，跳躍性眼球運動が苦手だと考えられます。縦読みと横読みで，かかる時間が異なる子どももいるので，どちらが得意かを把握して支援につなげます。

(2)「線を眼でたどろう」──追従性眼球運動のチェック

内容 眼で線を追い，速く正確に反対側にたどりつけるかを確認します。

やり方 「指は使いません。頭を動かさないように，眼だけを動かして線をたどりましょう」と教示します。

留意点 初級編は三つの線，上級編は五つの線があります。たどる線の本数と交差の複雑性によって課題の難易度が変わります。

すべてたどれなかった子どもは，追従性眼球運動が苦手だと考えられます。トレーニングで眼だけで線をたどるのがむずかしい場合は，補助的に指や鉛筆を使

ってなぞるようにしましょう。応用として、シートを横向きに使い、左から右へ、右から左へ線をたどる、あるいは、なだらかな曲線だけでなくジグザグとした直線を課題に使用する方法もあります（93ページ参照）。

(3) 「点をつなごう」——視空間認知・眼と体のチームワークのチェック

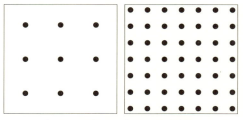

点の数は実態に合わせて調整を

[内容]　点と点を結んで、見本と同じ形を解答欄にかき写す模写のテストです。この課題では、「かく力」（眼と手の協応）も要求されます。

[やり方]　「点と点がずれないように、まっすぐ、ていねいに線を引きましょう」と教示します。線をかく際に、フリーハンドで行う方法と、定規を使って行う方法があります（101ページ参照）。

[留意点]　見本と解答欄は、見本を上、解答欄が下になるように配置します。右利き・左利きの差が出ないようにするためです。

　縦横の点の数は、5×5がむずかしければ3×3に減らす、簡単すぎれば8×8、10×10と多くするなど、子どもの実態に合わせて調整してください。また、図形を幾重にも重ねて複雑にしたり、斜線や曲線のある図形を入れたりすると、課題の難易度がアップします。

　チェックの結果、例えば斜めの線を認識してかくのがむずかしいことがわかった子どもには、苦手な線や図形パターンを中心にトレーニングを行いましょう。どの点をとっていいのかわからない、線が結べないという場合は、点に色をつけて目印にするといいでしょう。

(4) 「同じ形はどれ？」——視空間認知のチェック

[内容]　見本と同じ図形を選べるかをチェックします。

[やり方]　「見本と同じ図形の記号を枠に書きましょう」と教示します。

[留意点]　ひし形など斜めの線の入った図形を入れたり、図形を重ねて複雑にしたり、直線と曲線を組み合わせたりすると、課題の難易度がアップします。また、閉じていない図形の課題は、閉じている図形の課題よりむずかしくなります。

　自分の体の上下左右の位置感覚が正しく理解できていないと、図形の上下左右も正しく認識できません。この課題で見本と同じ図形を選べない場合は、視空間認知とあわせて、ボディイメージのトレーニングも行うといいでしょう。

見え方チェック（初級編）

名前 _____

数字を探そう

下の数字のなかから「　　　」を探して○をつけましょう。

```
3 0 9 2 1 7 3 0 5 8 3 7 1 3 5 7 6 1 4
9 2 0 4 6 9 2 0 4 9 6 3 8 4 5 2 7 9 5
1 5 8 6 0 8 4 3 7 9 2 5 9 0 6 5 8 4 1
9 0 8 3 5 1 7 4 2 0 5 3 5 1 3 6 2 0 9
5 4 6 1 9 1 5 4 6 3 7 2 8 2 0 5 4 9 7
4 1 0 3 1 0 4 5 2 9 2 6 4 9 1 3 8 7 3
6 0 3 9 6 4 8 5 7 2 1 4 0 1 8 6 3 8 3
2 5 9 3 8 2 4 0 6 8 4 9 1 2 3 2 7 6 9
5 8 3 2 6 7 4 8 4 9 0 6 8 1 3 1 7 0 6
9 4 8 7 0 7 8 2 5 6 0 4 3 1 6 5 7 9 1
6 3 2 4 8 2 8 1 5 8 2 7 4 6 3 0 8 5 2
6 7 6 1 2 7 9 5 8 3 8 4 1 5 7 2 7 8 9
5 7 6 3 2 9 1 5 6 7 4 1 8 1 6 0 7 9 0
```

線を眼でたどろう

線を眼でたどり，下の□のあてはまるところに同じ数字を書きましょう。

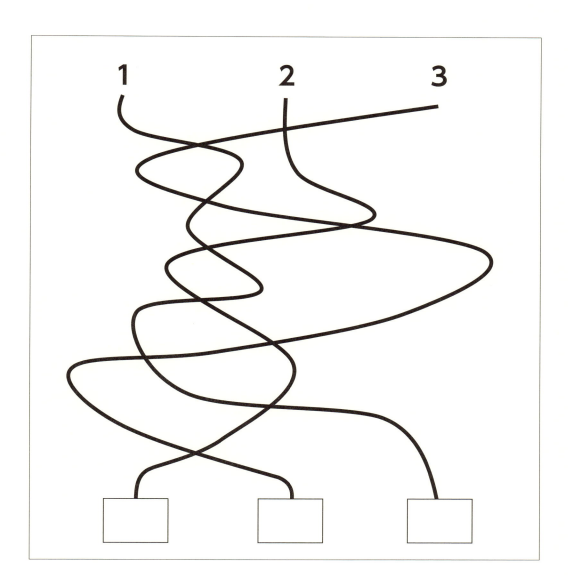

見え方チェック（初級編）　　名前

点をつなごう

見本と同じ形を下の枠に点をつないでかきましょう。

①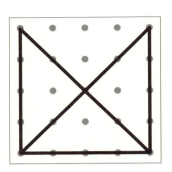

②

③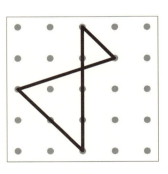

④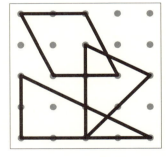

同じ形はどれ？

①〜③の図形と同じ形はア〜オのどれでしょう。

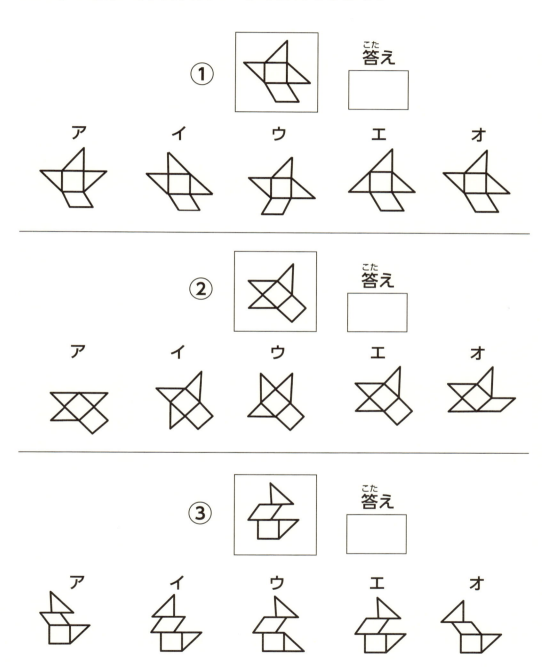

見え方チェック（上級編）

名前 _____

文字を探そう

下のひらがな表から「　　」の文字を探して〇をつけましょう。

ほみうよるぬられをわんゆはきかやろ
めくしもいよみふこにやみさねとしむすを
にりおれせえそまそらきいたちつめさつ
てとかなきらにせてちぬちをろせこさあ
のるすえはおけろすえんちはひりあきる
ひけやふれのくねへけいせえんたわゆあ
わほうこんふいそたへてしまをみりうに
くとつぬつむあゆくけくかめけもよこ
すさもついもむたほやてなねしゆひとぬ
れおよらむおぬまほこるうてとしのりた
はそるわなへすかれろねせなまろによひ
のへはわなそうおえのへねふかふみむを
もちりあやまさひゆほめらわぬろかやし

線を眼でたどろう

線を眼でたどり，下の□のあてはまるところに同じ数字を書きましょう。

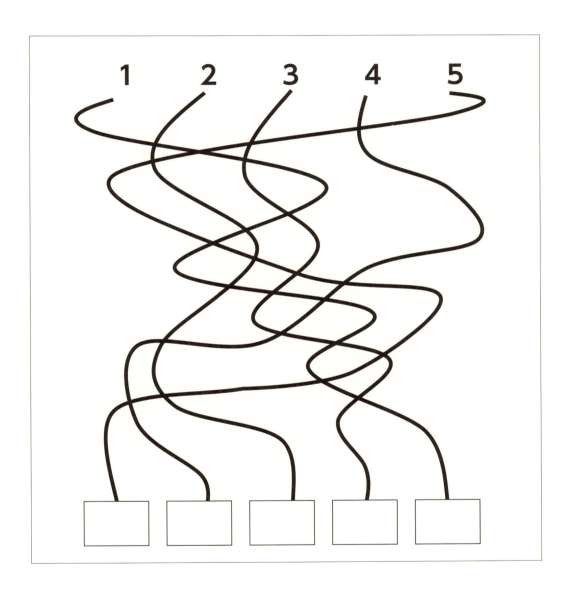

見え方チェック（上級編）

名前 _____

点をつなごう

見本と同じ形を下の枠に点をつないでかきましょう。

①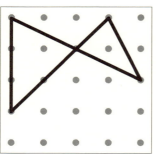

②

③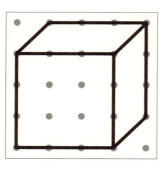

④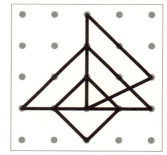

同じ形はどれ？

①〜③の図形と同じ形はア〜オのどれでしょう。

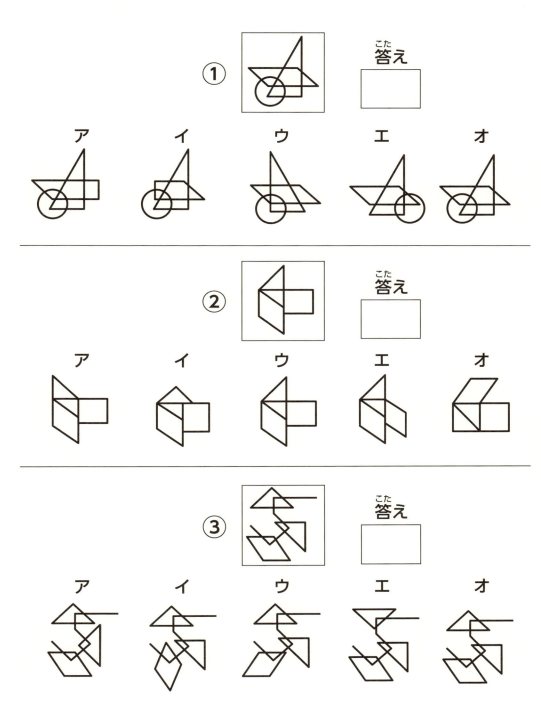

実践例

「見る力テスト」と「地の色アンケート」

井阪幸恵先生（和泉市立国府小学校教諭）が作成した視覚機能チェックテスト「見る力テスト」と，見やすい下地の色を調べるための「地の色アンケート」を紹介します。

井阪先生が作成し，学校全体の児童対象に実施した「見る力テスト」は，低学年・中学年・高学年に分かれています（当該学年の漢字の画数等を意識して考案。教師採点用も低・中・高あり。ここでは低学年用のみ掲載）。また，「地の色アンケート」として，何色のマーカーが見えやすいかについて，代表的な5色を選んで実施しました。※井阪先生の実践は126ページ参照。

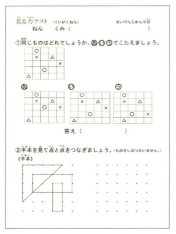
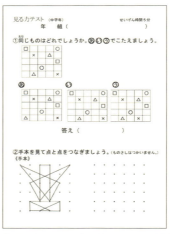
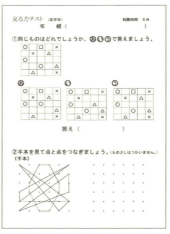

「見る力テスト」。左上から，低学年・中学年・高学年向け。左下が教師採点用で，チェックポイントと留意点が明記されている。

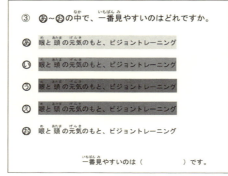

「地の色アンケート」。実際はカラー印刷で，文字の下に色がひいてある。この中から一番見やすい色を答える。（あ：薄い黄色，い：薄い緑色，う：水色，え：薄いオレンジ色，お：色なし）。

3 視覚機能を詳しくアセスメントするには
――眼科検査, 視覚機能検査, 心理検査

「総合的な見る力」を調べるには

　子どもたちの視覚機能の状態を調べる検査には、さまざまな種類があります。
　その一つが学校での視力検査です。これは大事な検査ですが、近見視力を測定している学校が少ないのが現状です。また、学校の視力検査が子どもの「総合的な見る力」を表しているわけではありません。
　視覚機能には、複数の要素が関係していることがあります。場合によっては、保護者同意のうえ、専門家に相談し、アセスメントを受けて適切な支援につなげる場面も出てくると思います。
　各専門家によって、眼科検査、視覚機能検査、心理検査といったさまざまな検査が行われています。必要に応じてこれらの検査を組み合わせて行うことで、「総合的な見る力」をアセスメントし、個々の子どもたちに合った支援につなげます。ここでは、専門機関によって行われるおもな検査法について紹介します（視覚機能検査が行える施設は174ページ参照）。

(1)眼科検査（眼科医による）
　視力と屈折異常（近視、遠視、乱視等）、眼の病気、視覚障害（眼鏡等で視力を矯正しても視力や視野が一定以上改善しない状態）、眼振（無意識に眼球が揺れ動く現象）、斜視、弱視（機能的に発育が抑制され、眼鏡等による視力矯正ができない状態）、眼球や視神経の異常の有無の確認等を行います。

(2)視覚機能検査
　眼球運動や視空間認知など、見るために必要な機能の状態を調べる検査です。米国をはじめとする海外では、視覚に関する標準化された検査が多数開発されています。最近、日本で開発された検査もあります。
　ここでは、日本で行っている主な検査について紹介します。

・DEM――読書時の衝動性（跳躍性）眼球運動の正確性を測定するテストです。数字表を音読し、それに有した時間と読み間違いを記録します。スムーズな眼球運動ができているかチェックできます（56ページ参照）。
・MVPT――複数の幾何学図形を使って、視知覚情報の認知能力をみる検査。形の分類、図と地の区別（※必要な視覚的情報を「図」と呼び、図が隠れてい

る対象に密集して描かれている余分な部分を「地」と呼ぶ），形の短期記憶などができるかを調べる検査です。
- 近見・遠見視写検査──数字の書かれた表を書き写す検査です。かかった時間と修正箇所，間違えた箇所を記録します。表を手元に置いて行う「近見」と，壁に張って行う「遠見」があります。黒板や教科書を見て文章などを書き写すといった視写能力の測定を目的とした検査です。
- DTVPフロスティグ視知覚発達検査──視知覚上の問題点を発見し，適切な訓練を行うための検査です。眼と手の協調運動，図と地，形の恒常性，空間における位置，空間関係等の視知覚技能を測定します。
- 視覚認知検査WAVES──2014年に日本で誕生した新しい検査。視知覚，眼と手の協応，眼球運動の視覚関連基礎スキルを10種類の下位検査の成績によって，弱い部分を見つけ出すとともに，個人の得意・不得意がわかります。視覚機能を総合的に調べて総合指数を算出し，同年齢の子どもとの比較が可能です。この検査は専門家でなくても行えるようパッケージ化されているため，学校現場で使われることが多いものです。

こうした各種検査のほか，専門家の対面による各種検査もあります。

(3) 心理検査

子どもの「見えにくさ」のもととなる発達障害の状態や行動の特徴を調べるために，発達小児科，小児神経科などで行う検査です。よく用いられる検査を二つ紹介します。
- WISC──ウエクスラー式知能検査。世界中で広く利用されている検査です。言語理解，知覚推理，ワーキングメモリー，処理速度の能力をそれぞれ調べます。
- K-ABC──認知や知能のバランスを調べるために行われる検査です。順番に行う継次処理と全体的に統合して行う同時処理の能力を調べます。

以下に，専門機関での検査の流れとして，私（北出）が運営するJoyVisionの場合を紹介します。また，よく使われる検査法として，DEM検査等についての解説と，実際に学校でビジョントレーニングの効果測定として使用した例をご紹介します。

専門機関による検査の流れの一例

「視機能トレーニングセンター JoyVision」の場合

①**視力検査**――視力が遠くと近くのものを見るために十分かどうか調べ、必要があれば、眼鏡による矯正をします。

②**眼球運動検査**――眼球運動のコントロールが自在にできるかどうか、動くものを眼で追ってもらい、チェックします（追従性・跳躍性眼球運動、輻輳近点）。また、DEMを使用した眼球運動検査も行っています。

③**両眼のチームワーク／調節力検査**――両眼の向きを揃えることに問題があればトレーニング、眼鏡による矯正を行います。調節力を補助するレンズが必要な場合も、眼鏡による矯正を行います。

④**視覚認知検査**――視覚の情報処理が脳の中で問題なくなされているかどうかを米国の視覚認知検査（MVPT）を用いて行います。視覚情報処理に問題があれば視覚認知練習パズルなどのトレーニングを行います。

⑤**眼と手の協調検査**――形を模写できるかを米国の模写検査（VMI）を用いて行います。認知力と手先の器用さを調べます。ボディイメージをみるために「お手玉タッチ」（大きめ運動）、ナンバータッチ（細かい運動）、手足の連合反応（内股、外股）、爪先かかと歩き（バランス）などを行います。

⑥**コンサルテーション（検査結果のご報告）**――すべての検査結果をもとに、トレーニング方法・支援方法などをお話しします。

視覚機能の専門家「オプトメトリスト」と教育現場の連携を

米国をはじめ、カナダ、オーストリア、ヨーロッパには視覚機能の検査・訓練を行う専門職（国家資格）があります（日本では国家資格になっていませんが、米国では100年以上の歴史があります）。私（北出）は、米国に留学し、米国の国家資格「ドクター・オブ・オプトメトリー」を取得しました。米国のオプトメトリストは、眼鏡、コンタクトの処方、斜視・弱視のケア、視覚機能の検査やトレーニングを専門的に行っています。視覚機能に課題がある成人、視覚機能をより高めたいスポーツ選手、そして、視覚機能に課題があって学習効果が発揮できない子どもたちのアセスメントと指導は、米国では何十年も前からオプトメトリストが行っています。

私自身、ビジョントレーニングの研修で学校を回っていますが、最近は視覚機能に関心をもってくださる先生方が増えてきてうれしく思います。先生方と協力し合い、一人でも多くの子どもたちの視覚機能の悩みが解消できることを願っています。

DEM (Developmental Eye Movement Test) とは

　DEMは，読書時の衝動性（跳躍性）眼球運動の正確性を測定するテストで，米国のBERNELL社から発売されています。検査に際して特別な知識や経験はさほど必要なく，定量化された結果が出ることから，米国を中心に眼球運動検査として使用されています。プレテスト，テストA，B，Cから構成され，テストA・Bは等間隔に並んだ数字列を音読させる数字呼称課題です。テストCは文字間隔が広く不等間隔に並んだ数字列を呼称させる数字呼称課題で，テストA・Bに比べてCは眼球運動への負荷が高くなっています。

DEM-RJ 日本語版眼球運動発達検査とは

　DEM-RJは，ひらがなを用いて日本人向けに構築した検査法で，呼称速度と跳躍性眼球運動の正確性を測定します。テストA，B，Cから構成され，テストA・Bは，文字が整列しているため，眼球運動がさほど関与することなく，ひらがなの読みのスピードを測ることができます。テストCは，文字がランダムに配置され，眼球運動が正確にできないほどランダムな文字間隔が障害になるので，テストCで時間がかかります。テストCで読み間違いや読みとばしが多い場合，眼球運動のトレーニングが有効です。

　　　　　　　　　　　　　制作者：簗田明教（かわばた眼科視覚発達支援センターセンター長）

評価基準表（参考値）

学年	テストA・Bの合計		テストC	
	処理時間	エラー数	修正処理時間	エラー数
1	49.15 (±11.13)	2.43 (±2.44)	66.56 (±20.94)	8.52 (±11.51)
2	42.78 (±7.80)	1.94 (±2.53)	57.67 (±15.93)	3.89 (±3.71)
3	39.88 (±6.90)	2.27 (±2.67)	47.82 (±11.30)	3.50 (±3.20)
4	36.21 (±6.60)	1.98 (±2.36)	42.75 (±10.09)	2.21 (±2.50)
5	36.43 (±6.84)	1.60 (±1.76)	39.75 (±6.81)	1.91 (±2.79)
6	33.05 (±7.59)	1.34 (±1.73)	36.49 (±7.37)	1.64 (±1.85)

（　）内はSD

修正処理時間＝処理時間×80÷(80＋繰り返し文字数＋追加文字数－読み飛ばし文字数)

DEM-RJ テスト用紙　（※実際はA4判）

実践例

第2章 ▶ 見る力（視覚機能）のアセスメント

学級におけるビジョントレーニングの効果（DEM測定）

大阪府内の小学校で，4カ月間ビジョントレーニングを行い，その前後に効果測定を行いました。ここではその結果を紹介します。　　　　　　（竹本晴香先生の修士論文より）

大阪府内のある小学校（1～6年生）では，学級ごとに朝の会や休み時間などを利用して，1日2～5分程度のビジョントレーニングを，4カ月継続して行いました（2013年9～12月）。トレーニング内容は，追従性眼球運動・跳躍性眼球運動・両眼のチームワークを基本として，そのつど課題を加えました。

トレーニング前（9月）と後（12月）に，効果尺度に「DEM」を用い，読みの速度と眼球運動の正確性を測定し，以下のような結果になりました。

〔測定人数〕
9月：1年32名，2年33名，3年37名，4年30名，5年199名，6年37名　合計368名
12月：1年29名，2年31名，3年38名，4年31名，5年199名，6年35名　合計363名
　　　※DEM測定は，5年生のみ全学年対象，他学年は各1学級で実施。

ビジョントレーニング前後の測定結果（DEM）

	9月			12月		
	縦読み速度	横読み速度	読み間違い	縦読み速度	横読み速度	読み間違い
1年生	50.5秒	74.94秒	11.38個	38.13秒	62.22秒	6.3個
2年生	38.24秒	53.03秒	6.59個	35.08秒	48.33秒	5.3個
3年生	37.67秒	52.07秒	3.39個	34.12秒	40.67秒	2.57個
4年生	32.7秒	39.7秒	2.23個	29.53秒	36.09秒	1.71個
5年生	30.7秒	34.51秒	0.93個	27.96秒	31.46秒	1.06個※
6年生	28.09秒	31.8秒	1.4個	24.58秒	28.13秒	0.7個

トレーニング前の9月と，4カ月間（2～5分／日）トレーニングを行った後のDEMの数値を比較してみると，5年生の「読み間違い」※を除き，すべての数値が改善され，ビジョントレーニングの効果が伺える結果となりました。

※5年生のみ「読み間違い数」が，若干増加しているのは，他学年が1学級を対象に測定したのに対し，5年生のみ全学年を対象に行ったため，トレーニングに積極的な学級とそうではない学級があったこと，などの要因が推察されます。

4 見過ごされている「近見視力不良」の子どもたち
―― 学校で近見視力の測定を

　髙橋ひとみ先生（桃山学院大学法学部健康教育学教授）は，すべての子どもたちを対象に近見視力検査を行う意義を，長年にわたり研究されています。ここでは，髙橋先生の実践資料（著書と論文）をもとに，子どもたちの近見視力の現状と学校健診における視力検査の課題についてみていきます。

見過ごされている「近見視力不良」の子どもたち

　視力には，遠くを視る視力「遠見視力」と近くを視る視力「近見視力」があり，私たちはこの双方の視力を使って日常生活を送っています。遠見視力は，生後3カ月では0.01～0.02であり，その後徐々に発達し，6歳で1.2になります。近見視力も成長にしたがって発達し，しだいに見えるようになります。

　「最近近くが見えにくくなった。手元の作業はやりづらいし，目が疲れるから本も読みたくないなあ」―― 45歳以上であれば，こう感じている人は少なくないでしょう。加齢に伴い水晶体が硬くなり近くにピントが合わせづらくなる老眼ですが，近くが見えにくいと自覚できるのは「（近くが正常に）見えた」経験があるからです。

　子どもは成長するにつれてしだいに見えるようになるので，「はっきり見えた」という経験のない子どもの場合は，「近くがぼんやり」としか見えなくても異常とは思いません。したがって，自分から「近くが見えにくい」と訴えることはありません。そして，周りの大人は「遠くが見えていれば近くも見えている」と思い込んでいるため，発見が非常にむずかしいのです。

　2004年，東京都内のA幼稚園での遠見・近見視力検査では，遠見視力が「1.0以上」の子どものうち，近見視力「0.8未満」の子どもは約2％いました。この子どもたちは，遠見視力検査だけでは見逃されてしまう「近見視力不良」の子どもたちです。

　同じく大阪市内のB小学校での検査では，両眼近見視力が「0.8未満」の子どもは各学年に6～10％，2006年に実施した東京都内のC中学校での検査では近見視力不良の子どもは6～8％いました。学習能率の実態を調べるためにC中学校で子どもたちにアンケートを行ったところ，近見両眼視力「1.0未満」の子どもたちは，「文字や行をとばして読むことがある」「どこを読んでいるのかわからな

くなる」「パソコンの画面が見づらい」「近くのものが二つに見えることがある」といった視覚情報を得るうえでの負担があることがわかりました。

近見視力不良でおこる子どもたちの不利益

　近見視力不良の子どもは，近くが見えにくいために日常生活で多くの支障がみられます。学習場面では，教科書を読む，ノートに書くといった作業がしづらくなります。手元がはっきり見えないので，読んだり書いたりするとき細部が判別できなくて，見間違うことがあります。算数では位取りを間違えるなど，学習能率が低下します。運動場面では，とんでくるボールを受けたり打ったりすることが上手にできないため，球技が苦手になることもあります。

　また，遠くを見るときより近くを見るときのほうが，強い調節力が必要なので，近見視力不良の子どもが近業（手の届く範囲での作業）を行う場合，目が疲れる，肩・首・背中がこる，頭痛・眼痛といった眼精疲労が強くなります。集中力が続かなくなったり，学習意欲が減退することもあります。

　近見視力に関する情報が少ないため，「近くを見る視力の問題」にもかかわらず，能力不足・努力不足とみなされている子どもがいます。「近くがはっきり見える」ことを知らないで一生を終える人もいるのです。

近見視力不良発見のためのポイント

　学校健診で近見視力検査が実施されていない現状では，周りにいる教師や保護者が観察によって見つけることが大切になります。以下の表で該当する項目が多い場合は，近見視力不良を疑って，安心のために眼科医を受診することをおすすめします。

「近見視力不良」の特徴的な観察ポイント

	項　目	チェック
1	読んだり書いたりするとき，本やノートに目を近づける。	
2	読むときに，行をとばしたり同じところを何度も読んだりする。	
3	読むときに頭が一緒に動く。	
4	似たような文字を間違える。	
5	板書を写すのに時間がかかる。	
6	頭をかしげるなど，横目でものを見るときがある。	
7	集中して本を読む，文字を書くなどの作業ができない。	
8	まばたきをする，目をこする，目を細めることがよくある。	
9	形を写すのが苦手である。	
10	ボール遊びが苦手である。	
11	手先を使う作業が苦手である。	

近見視力不良は，疾患や斜視・弱視などが原因でない屈折異常の場合は，基本的には眼鏡・コンタクトレンズや環境整備といった適正な視力管理で改善できます。ただし，視力の管理を始める時期を逃がすと弱視（眼鏡をかけても0.04以上の視力が期待できない目の状態）になることもあります。ですから，早期発見が大切です。

学校で近見視力検査を！

　教員は非常に多忙です。学校の健康診断に近見視力検査を加えることを懸念する向きもあります。しかし，簡易近見視力検査なら，一人に2分程度で検査可能です。近見視力不良の子どもを発見して視力の管理をすることにより，学習能率はよくなります。養護教諭一人の仕事としないで，学級担任の協力を得て近見視力の検査を行ってください。学習能率が上がり，近見視力検査に要した時間はすぐに回収できます。

　何より子どもたちが健康で快適な学校生活を送れるように，そして，もって生まれた能力を発揮できるように，教育現場で近見視力検査を実施してください。

簡易近見視力検査の実施方法

　遠見視力検査と異なる点は，視標の大きさと，検査距離（30cm）だけです。

①近距離単一視標（0.3，0.5，0.8）の3枚を使用。小学校2年生までは読み分け困難がみられるため，単一視標（1枚の紙に一つのランドルト環）を使って視力を検査し，3年生以上は，視力表による字づまり視力でもかまいません。

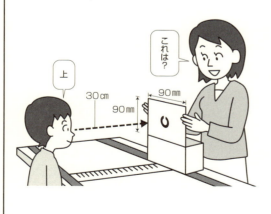

②目の高さに視標がくるような机（机の上に台を置いても可）を用意します。

③目と視標が30cmの距離に保てるように，目と視標の間に物差しを置きます。

④視標を0.3→0.5→0.8の順にかえていきます（切れ目を上下左右に変えて提示する）。

⑤上下左右の4方向のうち3方向を正しく答えることができれば，その視力があるものとします。

⑥両目，右目，左目の順に検査します。

眼精疲労改善を目的としたビジョントレーニングの効果

　私たちは近くを見るときには，網膜上にピントを合わせるために毛様体筋を緊張させて水晶体を分厚くしなければなりません。対象物との距離が近くなればなるほど水晶体を分厚くする必要があるので，毛様体筋の緊張は強くなります。したがって継続して手元での作業を行っていると，眼精疲労が大きくなります。眼精疲労は目の疲れだけでなく，頭痛・首痛・背痛や肩こりなどの症状を伴い，集中力や根気が続かなくなり，意欲も減退し，学習能率が低下します。

　そこで著者（髙橋）は，近見視力不良の子どもが眼精疲労トレーニングを行うことの効果を検証しました。毛様体筋と眼筋のストレッチによる，眼精疲労改善効果の検証です。

　奈良市内のA小学校（1年生140名，3年生148名，6年生36名　合計324名）で2008年の約2カ月間，毎朝のホームルーム時に3分間トレーニングを実施しました。学年別に近見視力0.8以上と0.8未満のグループに分けて分析を行った結果，1年生と3年生の0.8未満グループが有意に高値を示し，トレーニングによる近見視力の向上が示唆されました。

　学校では，朝の職員会議の裏番組として，子どもだけでもクラスで音楽に合わせて自主的に実施することが可能です。毎朝，3分間の継続実施により，眼精疲労の改善と視力低下の予防になり，学習能率も上がるなら，試みる価値はあるのではないでしょうか。

　ここでは，遠くと近くを交互に見つめる毛様体筋のストレッチの一例を紹介します。

眼精疲労改善トレーニングの一例

【準備】トレーニングスティック――鉛筆やものさしの先にランドルト環（直径3～5mm）をマジックで書いたもの。
※子どもがスティックで眼をつかないよう注意。

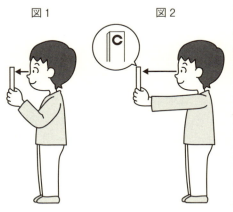

図1　　　図2

①スティックについた「ランドルト環の切れ目」が，両目の中央で目の高さになるように，片方の手でスティックを持つ。
②ランドルト環の切れ目を両目で見つめたまま，ゆっくりとひじを曲げ，目前約10cmまで近づける（図1）。
③両目でランドルト環の切れ目を見つめたまま，ゆっくりと手を遠くまで伸ばす（図2）。
④上記②と③を約3分間繰り返す。

【出典】
著書：髙橋ひとみ(2008)『子どもの近見視力不良　黒板は見えても教科書が見えない子どもたち』農文協
論文：「眼精疲労改善トレーニングの効果に関する一考察――近見視力改善効果について」(2008)
髙橋ひとみ（桃山学院大学法学部），衛藤隆（東京大学大学院身体教育学）

実践例

学校でできる検査の実際（近見視力・視覚機能検査）

　小宮圭子先生（養護教諭）は前任校横須賀市立根岸小学校の学校健診で近見視力検査を，保健室で視覚機能検査を行っていました。
　学校への働きかけ，検査の工夫，眼に課題のある子どもの対応について，小宮先生の実践からみてみましょう。

学校健診で近見視力検査を実施

　私（小宮）が近見視力について知るきっかけになったのは，髙橋ひとみ先生の著書『子どもの近見視力不良』（農文協）と月刊誌『健康教室』に掲載されていた記事でした。「教科書やテストが読みづらく，手元の作業がしにくい，近くが見えにくい子どもの存在」を，職員会議で教職員に伝え，近見視力検査の実施を提案し，承認を得て，2013年度の学校健診より実施しました。

　それまで，学校健診での視力検査は，聴力検査とあわせて1時限で行っており，近見視力検査のために新たな時間をとるのはむずかしいと考えました。そこで，視覚機能に理解を示してくれたふれあい相談員の方や養護実習生にお手伝いいただき，計3人がそれぞれ遠見視力・近見視力・聴力を担当することで，三つの検査を従来の1時限で実施することができました。

　検査前には近見用視力表を購入。検査台は購入せず，机に段ボール箱をのせ，あごをのせる位置に印を付けて即席の検査台を作り，子どもの眼から視力表までの距離30cmの位置に教員が近見視力表を提示する方法で実施しました。

●近見視力検査の方法
①近見視力表を用い，30cmの距離から，0.3，0.5，0.8の視標で検査を実施。
②時間短縮のため，三つのうち二つの方向が正解なら，その視標の視力はありとする（正式な方法は60ページ参照）。
③両眼，右眼，左眼の三つを検査する。

近見視力検査の結果（近見視力0.8未満の人数）

年度	1～6年生の合計人数(%)
2013	27人（5.3％）
2014	14人（2.8％）
2015	31人（6.1％）
2016	21人（4.3％）

近見視力検査結果を受けて，近見視力0.5以下で眼科受診を勧告しています（健康手帳に「30cmで見た視力」として記入）。あわせて，「保健だより」で近見視力についての説明もしているので，保護者の理解を得られることが多く，受診や眼鏡の装着等につながっているように思います。

保健室で視覚機能検査を実施

いっぽう，日常の生活や学習の場面で視覚機能につまずきがあると考えられる子どもには，保護者同意のうえ，保健室で行える視覚機能検査をすすめています。

保健室で実施している視覚機能の検査

1. 視力検査
   (1)遠見視力検査（5m），(2)近見視力検査（30cmまたは40cm）
2. 眼球運動検査
   (1)跳躍性眼球運動，(2)追従性眼球運動
3. 跳躍性眼球運動の正確性をみる検査（DEM）
4. 視写の検査
   (1)近見数字視写検査[※1]，(2)遠見数字視写検査[※2]
5. 見る力に関するチェックリスト・グラフ[※3]
6. WAVES（学研）

※1～3：玉井浩監修，奥村智人・若宮英司編著『学習につまずく子どもの見る力——視力がよいのに見る力が弱い原因とその支援』（明治図書）より使用。

検査結果の生かし方

保健室で実施したすべての検査結果は，保護者と学級担任に伝え，支援の方法を考える材料にしました。検査結果は，現在の子どもたちの視覚機能の状態を把握するために，保護者に視覚機能のことを理解してもらうためにも有効です。

場合によっては，専門家による視覚機能・視覚認知検査をすすめています。

「視力はよくても見えにくい」という場合は，専門家のところで検査のうえ，必要であれば眼鏡を作ることをおすすめすることもあります。

よく見えないことが不適応につながっていた事例（5年生）では，保護者が相談にみえました。遠見・近見ともに視力が低かったため，専門家を紹介し，そこで眼にしっかり合う眼鏡を作ったところ，学習がしやすくなると同時に問題行動も収まっていきました。その子が中学生になり，「部活でがんばっているよ」と報告に来てくれたときは，見えることの大切さを改めて感じました。

Column

近見視力を簡易チェック

　下表によって，近見視力をチェックすることができます。私（北出）も簡易的に利用しています。なお，これは医療用具として認可を受けたものではありません。スクリーニングの一つとしてご利用ください。

やり方
　下表を眼から40cm離し，両眼・右眼・左眼で，数字が読めるかをチェックします。おのおの数字が六つ並んでいますが，すべてを読ませるのではなく，例えば，右眼は右の二つを，左眼は左の二つを，両眼で真ん中の二つの数字を読ませるようにしてもいいでしょう。

留意点
・眼鏡を使用している場合は，眼鏡を装着して行います。
・1mm四方の数字が読めて，近見視力1.0程度，2mm四方の数字が読めて0.5程度です。子どもの場合は，1.0程度の視力があることが望ましいといえます。

近見視力表

数字	視力
7　6　4　3　2　8	0.5
3　7　5　4　8　9	0.6
2　8　3　7　3　5	0.7
7　8　3　5　3　4	0.8
1　6　3　5　4　3	0.9
8　3　6　4　1　2	1.0

第3章

学校でやってみよう！
ビジョントレーニング

学校でビジョントレーニングを取り入れるには？
年間プログラムの立て方は？
トレーニングの種類とやり方は？

1 学校にビジョントレーニングを取り入れるには
―― 学校・学級での取り組み,プログラムの立て方

学級全体での取り組み

　ビジョントレーニングによって,「見え方」に課題のある子どもはもちろん,特に課題のない子どもにとっても,読み・書きや運動,集中力・注意力など,子どもたちの基礎的な力を高め,学習がさらにスムーズに進むようになることが期待されます。以下のような時間に組み込むことが考えられます。

> **こんな時間を使って**
> - 朝自習や朝読書の時間……ワークシートで授業準備＆集中力アップ。
> - 朝の会……「眼の体操」(6,90ページ)など2〜3分でできるトレーニングで,落ち着かせるとともに集中力アップ。
> - 体育の時間……ボディイメージのトレーニングを準備体操として。
> - 音楽の時間……曲に合わせて「眼の体操」を行い,音楽に合わせて眼と体を動かす楽しさを味わわせる。
> - 授業の初め……1分間トレーニングで集中力を高める。
> - 教科学習……視空間認知のトレーニングを,図形学習や漢字学習の導入に。
> - 休み時間や放課後……視覚機能を高める遊びを子どもたちに紹介。
> - 体育祭などのイベントで……ボディイメージのトレーニング(まねっこ体操など)をエクササイズとして。
> - 保健指導や保健集会で。

　教室や保健室には,休み時間や放課後に子どもたちが自由に行えるように,眼を動かす練習の視標や,「ジオボード」やパズル(104ページ参照)などを常備しておくことをおすすめします。眼と手を使うお手玉やけん玉,おはじきなどを使った昔の遊びも,楽しく行えるビジョントレーニングです。教室や廊下に数字・文字探しのワークシートを張る,学級文庫にビジョントレーニングの本を置くなど,自然にトレーニングにつながる環境を整えるといいでしょう。

トレーニングの組み立て方＆長続きのコツ

　ビジョントレーニングは,短い時間でも,できるだけ毎日行うほうが改善効果

は上がるようです。「眼の体操」など，まずは1日5分程度を目標にスタートしましょう。早い人では3カ月ほどで改善効果が現れてきます。能力が定着するまで，できれば半年から1年くらいはトレーニングを続けましょう。

指導者と子どもたちが一緒に楽しみながら行うことが，取り組みを長続きさせるコツです。ほめる指導を基本にして，子どもたちの小さな変化を見逃さず，読むのが速くなった，はみ出さずに書けるようになった，落ち着いて座っていられる時間が長くなった，などの変化を子どもと一緒に喜び，達成感を味わわせましょう。

また，取り組みを長続きさせるためには，先生方の負担が少ないことも大切です。例えば，ある学校では，『手のひらを太陽に』の曲に合わせて，「眼の体操」の具体的な動きの指示が音声で入ったCDを作成し，各学級や地域に配布しています（121ページ参照）。これでしたら，初めに1回指導したあとは，毎回CDをかけるだけで，先生が子どもたちの前で見本を示す必要もなく便利です。そのほか，市販の教材を活用したり，作成したワークシートを先生方で交換したりして，準備にできるだけ手間をかけずに行う工夫をしていただけたらと思います。

> **ビジョントレーニングを行う前の留意点**
> ・視力の問題や眼の病気がないか，事前に確認しましょう。
> ・遠視・乱視・近視などがあり，眼鏡などで矯正する必要があれば，矯正を行ってからトレーニングを行ってください。
> ・進行中の病気などがあり，眼を動かすと危険ということがなければ，ビジョントレーニングは，だいたいにおいて可能です。

気になる子どもの支援・配慮

学級でトレーニングを行うなかでは，遅れがちになる子，うまくできない子も出てくると思います。そういった子を「（個別指導するのではなく）なるべく学級の中に溶け込ませたほうがよい」と，遅れがちな子に配慮しながら実践している先生がいらっしゃいます（148ページ参照）。

休み時間や放課後に，気になる子ども数人のグループでトレーニングを行う際も，ほかの子たちも「自分も仲間に入りたい」と思うくらい「とにかく楽しく」を基本にトレーニングを行ってください。子どもが2回に1回はできるものに設定すると，飽きずに続けられるようです。同じ課題でも取り組みの難易度を変えるなどして，徐々にレベルアップするようにするといいでしょう。

また，トレーニングのなかで視覚機能に弱さのあることがわかった子どもに

は，第4章の先生方の実践を参考に，学習環境への配慮をしてください。

個別指導によるトレーニング

　気になる子どもが，日常の観察に加えて，各種アセスメントなどにより「視覚機能に課題があり，個別指導が必要」と判断された場合には，放課後や通級指導教室の時間などに，個別にトレーニングを取り入れていきます。

　この場合は，子どもの視覚機能の課題を詳細に把握したうえで，全員で行うトレーニングよりも難易度の低いものを，時間をかけてゆっくり取り組むのが基本です。個々に合わせてトレーニングメニューを作成しましょう。

　眼球運動など比較的トレーニングの効果が早く感じられるものもありますが，視空間認知の課題などはなかなかむずかしいものです。子どもの好きなことや得意なことを取り入れながら，「これならできそう」という課題を工夫しましょう。具体的なトレーニングメニューについては，寄稿いただいた先生方の実践例（4章）を参照してください。

　また，長続きさせるためには家庭との連携も大切です。学級通信などで視覚機能やトレーニングについての情報をお伝えしたうえで，子どもの課題を伝え，家庭でもトレーニングを行っていただければと思います。

プログラムの立て方（学級で行う場合）

　年間を通じて時間がとれるなど，長期的な取り組みが可能な場合，トレーニングは，大きな動きから入り細かい動きに移っていくのが基本です。本書では，集団で行うプログラム例として，「体の動き→眼の動き→視空間認知」というビジョントレーニングの一連の流れをくんだ構成で低学年・中学年・高学年に分けて紹介します（70ページ表）。これを参考に，子どもたちの実態に合わせて作成していただければと思います。

　なかでも「眼の体操」（90ページ）は，できれば年間を通して毎日行っていただきたい基本のトレーニングです。「眼の体操」を低学年では座位で行いますが，慣れてきたら中学年は立位で，高学年は，可能であれば片足立ちで行うことに挑戦してみてください。片足を少し上げて体のバランスをとりながら眼の体操を行うと，眼と体の協応のトレーニングを同時に行うことができます。バランスを崩して子どもが転倒しないよう注意し，無理のない範囲で行ってください。

● 1学期──体の動き（ボディイメージ）のトレーニングを中心に

　低学年では大きな体の動き，中学年では細かい動作や手先を使う動き，高学年では複雑な体の動きを取り入れたトレーニングに挑戦しましょう。

　例えば，指導者の動きを模倣する「まねっこ体操」（82ページ参照）でも，低学年では片手を上げるなど簡単な動き，中学年では手足を一緒に動かすなど少し複雑な動き，高学年では手足をクロスさせてより複雑な動きにする方法もあります。

　矢印など向きのあるカードを提示してその方向に手足を動かす「方向体操」なども同様に，低学年では1方向に手をあげる，中学年では2枚のカードを使って二つの方向に手をあげる，高学年では足も使いスピーディに行うなど，実態に合わせて難易度を調整しましょう。

● 2学期──眼の動き（眼球運動）のトレーニングを中心に

　追従性・跳躍性眼球運動の基本トレーニングの「線なぞり」や「線めいろ」，ランダムに並んだ数字を順番にタッチする「ナンバータッチ」などを，低学年では簡単なもの，中学年は少し複雑なものをスピードアップして行います。また，低学年では数字を縦横に読んでいく「数字読み」を，高学年では文字の速読み（眼球運動＋意味のある言葉を読む練習）にしたり数字を小さくしたり，「ローマ字見つけ」にするなど，発達段階に合わせて工夫しましょう。

● 3学期──視空間認知のトレーニングを中心に

　パズルは低学年では簡単なもの，高学年では複雑な形にチャレンジさせてもいいでしょう。見本と同じ形になるよう点と点をつなぐ「点つなぎ」（101ページ参照）では，点の数を5×5，8×8，10×10などと増やし，かき写す図形も，単純なものから図形の入りくんだもの，複雑なものや漢字の形にするなどして調整しましょう。「じゃんけん体操」では，低学年ではあいこの手を出す，高学年は，勝つ手を出したあとは負ける手を出すなど，複雑にしたり，スピードアップしたり，両手を使ったりして難易度をアップしてもいいでしょう。

長期休みのトレーニング(宿題)

　ビジョントレーニングの改善効果アップのポイントは「短時間でも毎日行う」こと。夏休みなどの長期休みで中断するのはもったいない話です。できれば，長期休みには，家庭でできるビジョントレーニングを宿題に出して継続を図ってください。「眼の体操」を基本に，夏休みなら1学期に行ったトレーニングの復習や予習を兼ねたワークシートをプラスするといいと思います。

　また，「家事のお手伝い」は，眼と手の協応を高めるトレーニングとしてもおすすめです（88，147ページ参照）。ご家族にも喜ばれるでしょう。

年間プログラム例

	低学年	中学年	高学年
1学期（ボディイメージ中心）	眼の体操（座位） ＋（以下から2〜3個） ・その場足踏み ・ラインウオーク ・片足ケンケン ・アヒルとハト ・両手でグルグル ・まねっこ体操（初級） ・方向体操（初級） ・動物歩き ・スムーズにかこう ・おはじきいくつ握れるかな？	眼の体操（立位） ＋（以下から2〜3個） ・その場足踏み ・ラインウオーク ・片足ケンケン ・アヒルとハト ・つま先・かかと歩き ・両手でグルグル ・まねっこ体操（中級） ・方向体操（中級） ・お手玉deトレーニング	眼の体操（立位） ＋（以下から2〜3個） ・その場足踏み ・ラインウオーク ・片足ケンケン ・アヒルとハト ・両手でグルグル ・クロスウオーク ・まねっこ体操（上級） ・方向体操（上級）
2学期（眼球運動中心）	・眼の体操（座位） ＋（以下から2〜3個） ・線なぞり（初級） ・線めいろ（初級） ・ナンバータッチ（初級） ・単語タッチ（ひらがな） ・なぞなぞ＆言葉探し ・単語読み（ひらがな）	・眼の体操（立位） ＋（以下から2〜3個） ・線なぞり（中級） ・線めいろ（中級） ・ナンバータッチ（中級） ・単語タッチ（漢字） ・言葉探しクイズ（漢字） ・単語読み（ひらがな・漢字）	・眼の体操（片足立ち） ＋（以下から2〜3個） ・線めいろ（上級） ・単語タッチ（ローマ字） ・漢字ランダム読み ・ブロックストリング
3学期（視空間認知中心）	・眼の体操（座位） ＋（以下から2〜3個） ・点つなぎ（3×3） ・指タッチ「見ないで動かそう」 ・図形カード「順番を覚えよう」 ・じゃんけん体操（初級）	・眼の体操（立位） ＋（以下から2〜3個） ・点つなぎ（5×5） ・文字の速読み（ひらがな・漢字まじり） ・指タッチ「見ないで動かそう」 ・図形カード「順番を覚えよう・場所を覚えよう」 ・じゃんけん体操（中級）	・眼の体操（片足立ち） ＋（以下から2〜3個） ・点つなぎ（漢字・複雑な図形） ・指タッチ「見ないで動かそう」（応用編） ・図形カード「場所を覚えよう・場所を覚えよう」 ・じゃんけん体操（上級）

※ トレーニング内容は拙著『ビジョントレーニング』『ビジョントレーニング2』（図書文化）をあわせて参照ください。

長期休みのトレーニング（宿題）例

	低学年	中学年	高学年
夏休み	眼の体操（座位） ＋プリント （予習として） 線なぞり，線めいろ（初級）など	眼の体操（立位） ＋プリント （予習として） 線めいろ（中級），単語タッチ（中級）など	眼の体操（片足立ち） ＋プリント （予習として） 線めいろ（上級），記号見つけ（ローマ字）など
冬休み	お手伝い ぞうきんがけなど，体全体を動かすもの	お手伝い お風呂の掃除など，細かい動きが入るもの	お手伝い 配膳の手伝い，料理の手伝いなど複合的なもの

2 ビジョントレーニングを始めよう！

急に速く眼を動かしたり複雑な動きをしたりすると眼が疲れやすくなるので，初めに眼の準備体操をしましょう。練習の終わりにはクールダウンします。

ウォーミングアップ

　トレーニングを始める前には，決められた位置に視線を合わせる練習として，「近くのものと遠くのもの」を見つめましょう。①～④を行うのがベストですが，時間がなければ，①②だけでも行いましょう。

①近くのものを見つめる

　まず，近くのもの１点を見つめます。机にお気に入りのもの（例：お気に入りのキャラクターの付いた文具）を置き，それを数秒見つめたら，タッチしたり，手に持ったりして，数秒見つめます。

②遠くのものを見つめる

　次に，遠くを見つめます。窓から見える対象物（看板，ビル，木など）を指示し，それを数秒間じっと見つめます。

③眼のストレッチ

　顔を動かさずに，眼を上下左右斜め……といろいろな方向に動かし，最後に視線で円をなぞるようにして左回り・右回りの眼球運動を行います。

④眼と首の運動

　眼の前にひとさし指を立て指はそのまま固定し，視線はその指先を見つめながら，首を上下左右に動かします。最後に，指先を見つめたまま頭を一回転させます。

クールダウン

　トレーニングの最後には，眼を閉じて，深呼吸し，リラックスします。

　「今日もがんばりましたね。少しの間，眼にもお休みしてもらいましょう。……自分が楽しいと思うこと，うれしくなることを想像してください。今日の夕ごはんはハンバーグならいいなあ～なんてことでもいいですよ」などと「楽しいこと」に誘導しながら，終わりましょう。

　子どもたちが，うれしい気持ち，楽しい気持ちでその日のビジョントレーニングを終了するのが理想です。

ボディイメージのトレーニング＆チェック

体の動きと視空間認知の能力を発達させるために，体の部位を細かく認識し，意識して動かすトレーニングを行いましょう。

　体を思ったように動かすには，自分の体のどこをどのように動かすのか，頭の中で思い描く必要があります。また，自分の体の上下左右の部位の位置感覚を正しく認識できていないと，外界の上下左右の位置感覚を正しく理解することはできません。

　ボディイメージのトレーニングでは，体の動きと視空間認知の能力を発達させるために，体の部位を細かく認識し，意識して動かすことが大切です。

　子どもによっては，「手足の連合反応」が残っていることがあります。これは，例えば，足を外股にしたときに手が外転してしまう，あるいは，足を内股にしたときに手が内転してしまう，というものです（右図参照）。手足の連合反応が残っていると，体の動きがぎこちなくなってしまうので，いろいろな体の動きを練習することで，この反応が出ないようにしていきます（おすすめのトレーニング例「アヒルとハト」80ページ参照）。

足を外股にしたとき，手が外転してしまう　　足を内股にしたとき，手が内転してしまう

手足の連合反応の例

● トレーニングの順序

　細かい作業ができるようになるためにも，体の大きな動きから入り，体幹部を安定させます。

　体全体を動かしているうちに，自分の体のどこをどのように動かせば思ったとおりの動きができるのか，頭の中でイメージする力が育ってきます。

● トレーニングの留意点

　「考えないで行う」ことがポイントです。私たちが本を読むときには，眼の運動を意識することなく，まとまりで読み（逐語読みではない），理解することができます。しかし，眼の運動を意識的に行うと理解する余裕がありません。体も同様に，意識しなくても「体が勝手に動く」イメージで行うことが大切です。

● **トレーニングの評価**（ここまでくればＯＫという状態の判断）

　次ページからのトレーニングには判定（簡易評価）がついているものがあります。トレーニングしながらアセスメントに生かし，苦手なものを中心に行いましょう。

　評価は，その子どもが「ほんとうに発達したのか，一時的な練習効果か」を見きわめることが重要です。見た目はできるようにみえてもそれが保てるか，やり方を思い出そうと考えたりせずに取り組める安定感があるかなどを確認してください。

　トレーニングは，まず体を大きく使うものからスタートします。1日5～10分を目安に行ってください。ボディイメージに課題のある子どもも，3カ月後，半年後，と一つでもできることが増えるようにしていきましょう。

---

column　長続きのコツは，「Let's enjoy！」

　ビジョントレーニングをどれくらい行えば効果が表れるかは，トレーニングの種類や頻度，個人差もあり，一概にはいえません。ただいずれも，ある程度継続することで効果は表れます。せっかく始めても，子どもがトレーニングを「楽しい」と感じられなければ，長続きしないでしょうし，嫌々行うトレーニングでは効果も期待できません。

　トレーニングを長続きさせるコツは，何と言っても「みんなで楽しく行うこと」。子どもが好きな音楽をBGMとして流す，ゲーム性を取り入れるなど，楽しさの演出をしてください。トレーニングの内容は，むずかしくても簡単すぎても，あるいは回数が多すぎてもあきてしまうでしょう。子どもたちの様子を観察しながら，回数や難易度を調整してください。

　また，例えばサッカーが好きの子には，「リフティングが上手になるよ」などと期待できる効果を具体的に上げると，モチベーションアップにつながります。

　いっぽう，見え方に困り感を抱いている子どもにとってビジョントレーニングは，苦手なことにチャレンジする時間になります。一見，簡単そうに思えるようなことも，苦痛に感じる子どももいるかもしれません。

　ですから，「ここが違う。もう一度」「もう少しがんばって！」といった叱咤激励よりも，「前よりも上手にできるようになったね。よかったね！」などと，子どもと一緒に喜ぶ支援を大切に，みんなが楽しめる時間にしてください。

> ボディイメージのトレーニング

❶ 眼を閉じて「その場足踏み」

重心の偏りをチェック&トレーニングによって,体の軸の安定性を図りましょう。

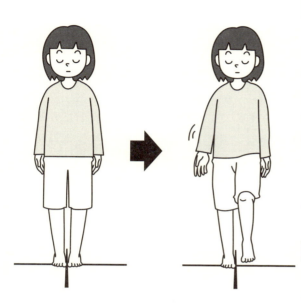

> やり方

準備：立つ位置の中心に印を付けます（校庭では土に×印を，床でははがせるシールや床の木目などを利用して立つ位置がわかるようにします）。

① 姿勢を正して立ちます。目を閉じて，その場で30秒間足踏みを行います。

② 眼をあけて，その場で足踏みできたかをチェックします。

> 留意点

近くの人やものとぶつからないように注意しましょう。

> チェックポイント

足踏みを始めたところから大きくずれていないか／頭が上下に大きく動くことがないか／体の軸が安定しているか（グラグラと揺れないか）／手と足の動きがかみ合ってスムーズに動けているか

> 判定

○	おおむね体の向きも位置も変わらず足踏みができる。
△	体の向きが少し変わり，その場から少しずれてしまう。
×	体の向きが大きく変わり，その場から大きくずれてしまう。

　その場から大きくずれてしまう場合，動いた方向と反対側に重心が傾いています（例：前に進む場合は後方に重心がある）。体の軸を安定させるトレーニングとして，閉眼と開眼の両方で「その場足踏み」を行いましょう。

ボディイメージのトレーニング

❷ラインウオーク

つま先とかかとをつけながらまっすぐ歩くことで、バランス感覚を養います。

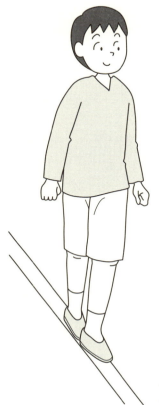

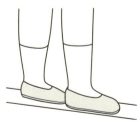

やり方
準備：歩く基準のラインを設定します（床にテープを張る，校庭で線をひくなど）。
①姿勢を正し，目線はまっすぐ前を見ます（ラインは視界には入っているが，下を向かない）。
②ラインの上をつま先とかかとをつけながら歩きます。

留意点
・正しい姿勢で立つことが大切です。猫背になっていないか，背中がそっていないかなどを確認しましょう。

応用編
・前進に慣れたら，後進も行いましょう。

チェックポイント
正しい姿勢か／前を見ているか／つま先とかかとをつけて歩けるか／頭が上下に大きく動くことがないか／体が左右に揺れないか

判定

○	姿勢を正し，つま先とかかとをつけてバランスよくスムーズに歩ける。
△	つま先とかかとをつけて歩けるが，体の揺れがある。
×	つま先とかかとをつけて歩けず，体も左右に大きく揺れる。

　判定が×の場合，まず，つま先とかかとがつくように，足もとを眼で確認しながら行いましょう（その際も，背すじは伸ばし，猫背にならないよう注意します）。感覚がわかってきたら，視線を前に向けて歩く練習をしましょう。また，下を見ないとできない場合，バランスをとって歩きにくい場合は，手を持って誘導しましょう。背中がそってしまう子は，背中を手で支えて，正しい姿勢を意識させましょう。

ボディイメージのトレーニング

❸ 片足ケンケン（片足跳び）

片足跳びで,体の軸の安定性・協調性をトレーニングしながらチェックしましょう。

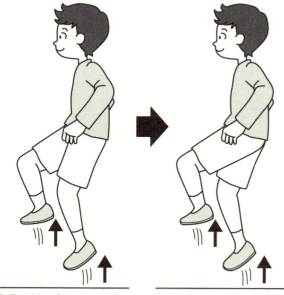

左足を軸に小さく3回跳ぶ　　右足を軸に小さく3回跳ぶ

やり方

① 右足を浮かせて左足で立ち，その場で3回小さく跳びます。
② 次に左足を浮かせて右足で立ち，その場で3回小さく跳びます。
③ ①と②ができたら，指導者が見本を見せます。「次は片足を3回ずつ交互にケンケンしますよ」と言い，右3回→左3回の手本を見せます。
④ 右3回→左3回（1セット）を3セット行います。

チェックポイント

体の軸がグラグラしないか（体幹が安定しているか）／リズムよくできるか／逆の足にスムーズに移れるか／大きな左右差がないか

判定

○	おおむねスムーズに3セットできる。
△	ぐらつきがあり逆側の足にスムーズに移れない。または左右差がある（左右で回数が違うか，右か左のどちらかでは3回できるが続けて逆側の足に移れない）。
×	片足跳びができない。できても1〜2回でバランスをくずしてしまう。

　バランスをくずす，スムーズにできないといった場合は，体の軸の安定を図り，脚力をつけるためにも，トレーニングとして，日常的に片足跳び（左右3回×3セット）を数セット行うとよいでしょう。

ボディイメージのトレーニング

❹ トランポリン

体幹の安定性，全身の筋力アップ，眼の動きの改善に効果が期待できます。

やり方
① トランポリンの真ん中に立ち，姿勢よく，まっすぐ上に跳んで，まっすぐ着地します。
② できるようになったら，目印を決めて，一点を見つめながら跳びます。

留意点
まっすぐ着地できない場合や，ひねりを入れたり，大きく跳んだりすると，ケガにつながる可能性があるので，指導者がそばで安全に注意をはらう必要があります。バランスがとりにくい場合は，指導者が手を持って補助しましょう。

チェックポイント
バランスよく，リズムよく跳べるかをチェックします。

トレーニングの効果とポイント

姿勢が悪いと上手にジャンプすることができません。しかし，続けるうちに，体はバランスをとろうとするので，必要な筋力が鍛えられ，自然とバランス感覚が身につきます。これは，眼球運動や視空間認知にかかわるので，ビジョントレーニングとしても有効です。

さらに，脳の前庭覚は，姿勢の調整や筋の緊張調整のほか，覚醒状態のコントロールもはかります。強い刺激は覚醒状態を高め，反対にゆっくり反復した刺激は覚醒状態を下げます。激しくランダムに跳ぶことで覚醒状態を上げ，軽くリズムよく跳ぶことで落ち着かせる効果があると考えられるので，トレーニングの始めや終わりに，覚醒させたり落ち着かせたりという目的でも使えます。

※トランポリンのない場合は，「その場でジャンプ」を，指導者の拍手やメトロノームに合わせて一定のリズムで行ったり，「弱く・弱く・強く」「10回目で大きく跳ぶ」など，強弱をつけて行ったりしてもいいでしょう。

ボディイメージのトレーニング

❺ タッチ&ゴー

体の部位を認識できるか確認しましょう。繰り返し行うことが練習になります。人形や人型の絵を使って，体にふれずに行う方法もあります（応用編参照）。

[基本編]
　指導者が子どものからだの部位（肩・腕・足など）にタッチし，その部位を子どもが動かします。タッチした部位をきちんと動かせているかをチェックします。
①子どもはまっすぐ立ち，指導者は子どもの背中側に立ちます。
②指導者がふれた箇所を動かすことを説明し，動かし方の手本を見せます。

○体の動かし方例（タッチしたほうの部位だけを動かす）

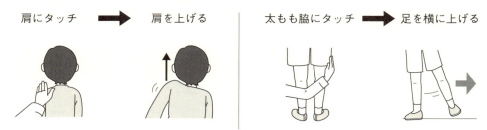

③初めはゆっくりと，部位（肩・腕・足など）に1カ所ずつタッチし，子どもの動きを観察します。慣れてきたら速くタッチ，2カ所をすばやくポンポンとタッチ，同時（両腕，腕・足1カ所ずつなど）にタッチします。

○タッチの仕方（※ポイント：裏側ではなく脇をタッチすると反応しやすい）

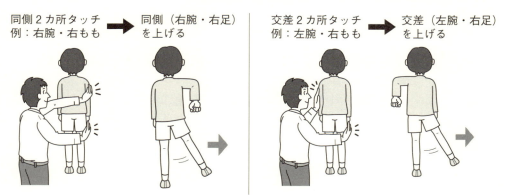

チェックポイント

タッチされた箇所がわかるか／タッチされた箇所が動かせるか／動きがオーバー過ぎないか（体のコントロールができているか）／2カ所同時にタッチしたとき，2カ所を同時に動かせるか

判定

○	タッチされた部位を，おおむね的確に動かすことができる。
△	たまに間違えてしまう。しばらく考えてから体を動かす。
×	タッチされた部位がわからない。部位を動かすことができない。

×や△の場合，「タッチ＆ゴー」を繰り返し行うことが，ボディ感覚を培うトレーニングになります。少し強くタッチする，軽くタッチするなど，刺激に強弱をつけて行いましょう。特に，軽くタッチしただけではわかりにくい場合は，少し強めに刺激を入れましょう。

応用編

①立ち姿勢以外の方法
・子どもは眼を閉じて椅子に座り，指導者は前面からタッチします。
・子どもは床にうつぶせになり，指導者は背中側からタッチします。

②子どもにふれずに行う方法
指導者が人型の絵や人形の部位にさわり，「自分の体のこの部分はどこでしょう」と言い，基本編と同様に部位を動かすという方法もあります。

子どもに直接ふれずに，人形や紙にかいた人型の図で行うこともできます。この場合，「右側がどちらか」と混乱しないよう，後ろ向きの図（人形も後ろ向き）を使って行います。

ボディイメージのトレーニング

❻ アヒルとハト

上半身と下半身で異なる動きができるか確認しましょう。繰り返し行うと，正しくなめらかな動きができるようになります。

1 アヒルとハトのポーズ

A 棒を持って行う場合

(1) アヒルのポーズ　→　(2) ハトのポーズに移る
（手は順手，足は外股）　　（手は逆手，足は内股）

①棒（ラップフィルムの芯など）を順手に持ち，手首を手前にそらせます。
②次に，ひざは曲げずに，両方のかかとをつけた状態で立ち，限界までつま先を広げます。ガニマタにならず，かかと同士がつくようにします。

①棒を逆手に持ちかえます。手首は手前にそらせます。
②ひざは曲げず，両方のつま先をつけて，かかとを限界まで広げます。

B 棒を持たずに行う場合

(1) アヒルのポーズ　→　(2) ハトのポーズに移る
（手の甲合わせ，足は外股）　　（手のひら上，つま先つける）

①両腕をまっすぐ前に伸ばし，手の甲同士を合わせます。このとき，ひじは曲げず，小指同士をつけます。
②両かかとをつけたまま，つま先を限界まで広げます。

①両腕を斜め上に伸ばし，手のひらを上（地面と平行）に保ちます。
②つま先をつけて，かかとを限界まで広げます。

> **指導のポイント**

- 一つ一つのポーズをしっかりとることが大切です。例えば，Bのハトのポーズでは，手のひらを上に向けることがポイント。「手のひらにお皿を載せていると思って，落とさないようにしましょう」などと指導するといいでしょう。
- まず，ハトのポーズ・アヒルのポーズで静止して立てるかを確認します。立てる場合は立位で，立てない場合は椅子に座るか，寝姿勢で行います。
- ポーズが静止できるようになってから，以下の行進のトレーニングを行います。

2　アヒルとハトの行進

　上記A・Bどちらの場合も，姿勢を維持したまま前進・後進を繰り返します。最初はゆっくり，しだいにテンポよく行います。

(1)アヒルの行進
アヒルのポーズを保ったまま，ひざは曲げずに，つま先を広げた状態で歩きます。

(2)ハトの行進
ハトのポーズを保ったまま，ひざは曲げず，つま先を閉じた状態で歩きます。

> **判定**

○	(1)(2)ともに，おおむねポーズがとれて，前後に歩くことができる。
△	歩けるがポーズがうまくとれない。あるいは，途中からポーズがとれなくなる。後ろ向きにうまく歩けない。
×	ポーズをとることもむずかしい。

　ポーズがとれない場合は，座って行うなど，できるところから始めましょう。繰り返し行うことで，体の軸が安定し，バランスがとりやすくなってきます。また，足と手を別々に使う運動をするときに，器用に動かしやすくなります。

> **指導のポイント**

　「無理にがんばる」のではなく，子どもがその時点でできる限界の形（可動限界）を把握し，意識して行うことが効果につながります。「何となくそんな感じの形」で歩かせては効果が半減します。指先一つまで意識して取り組むよう指導しましょう。

ボディイメージのトレーニング

❼ まねっこ体操「むずかしいポーズに挑戦!」

お手本のポーズを模倣する「まねっこ体操」。複雑な動きにもチャレンジしましょう。

[やり方]
　指導者のとったポーズを見て，一つずつ同じポーズをとります。手の簡単な動きから始め，慣れてきたら手足を同時に動かし，ポーズをとりましょう。

〈初級〉手足の向きや形をまねる
①手の動きをまねします（片手をあげる→両手で異なる動きをする）。
②足の動きをまねします（片足を前に出す→両足で異なる動きをする）。
③手と足の動きをまねします（①＋②）。

〈上級〉複雑な手足の型をまねる
　慣れてきたら，手足を交差する複雑なポーズの模倣にもチャレンジしましょう。
①手の動きをまねします（胸の前や頭の上で両手をクロスさせる）。
②足の動きをまねします（足をクロスさせる）。
③手と足の動きをまねします（①＋②）。

[留意点]
・メトロノームや一定のテンポの曲を流してリズムよく行いましょう。初めはゆっくり，しだいに速く行いましょう。

[応用編]
・最初は鏡で写すように左右逆（例：指導者が右手をあげたら子どもは左手をあげる），慣れてきたら，左右同じ動きにチャレンジしましょう。

ボディイメージのトレーニング

❽両手でグルグル「エアー円かき」

円をイメージして描くことで、ボディイメージの能力を培います。トレーニングを続けると体幹部をコントロールできるようになり、体の軸が安定します。

やり方

① 足を肩幅に広げ、体の中心を意識してまっすぐ立ちます。頭は動かさず、目印を決めて、一点を見つめながら行います。

② 両手を上げ、同時に同じスピードで両腕全体を回して空中に大きな円を描きます。外回し・内回しを各5〜10回ずつ行います。

③ 大きな円を描くのに慣れてきたら、中くらいの円、小さな円も描いてみましょう。

留意点

・大きく体を動かすので、足裏全体をしっかり地面につけ、バランスを崩さないよう注意します。
・眼は動かさず、正面の一点を直視し、どちらか一方の手の動きを追わないようにします。
・楕円にならないよう、正円を意識して行います。

まずは大きな正円をかく練習です。

慣れてきたら小さな円もかきましょう。

応用編

ワークシートに描かれた円や四角の図形などを実際に鉛筆でなぞる方法もあります。

個別の配慮

うまく円が描けない子どもの場合、黒板またはホワイトボードの前に立ち、両手にチョーク(ペン)を持って、「エアー円かき」と同様に体を大きく使いながら、実際に円を描きます。正円をイメージし、描き始めと終わりが重なるよう指導しましょう。

眼と体のチームワーク・追従性眼球運動のトレーニング

❾ お手玉deトレーニング

ビジョントレーニングで活躍するグッズ「お手玉」を使ったトレーニングを3種類紹介します。教室に常備して，休み時間に遊びながらトレーニングを！

①お手玉シュート

やり方

お手玉をバケツや箱の中に投げ入れます。的から30cmくらいの距離から始め，徐々に距離を離していきましょう。

留意点

ビジョントレーニングのウオーミングアップにもなります。始める前に，的を一度よく注視させましょう。

②お手玉タッチ

やり方

ひもでつるした（または指導者がひもの先を持つ），揺れるお手玉に指でタッチします。

留意点

お手玉の動きを眼で追います。慣れてきたら，ジャンプしてタッチ，一回転してタッチ，ひじやひざなどいろいろな部位でタッチします。ひもをゴムに変えると動きに変化がつきます。

③お手玉かわし

やり方

ひもでつるした（または指導者がひもの先を持つ），揺れるお手玉を，上体をよじるようにしてよけます。

留意点

お手玉の動きをよく見て，足は動かさずに行います。ボクサーのようにこぶしを握るポーズをとったり，触る・よけるを交互に行ったりして，ゲーム感覚で楽しく行いましょう。

眼と体のチームワーク・ボディイメージのトレーニング

❿ 指タッチ「見ないで動かそう」

指先をしっかり動かすことで，細かい作業がしやすくなります。

やり方

親指と人差し指，親指と中指……というように，両手の親指にほかの4本の指を順番にタッチします。まず顔の前からスタートし，指をタッチしながら水平に腕を広げていき，徐々に指が視界からはずれていくようにします。

留意点

・ゆっくりでも正確にタッチすることが大切です。慣れてきたらしだいに速くタッチしましょう。
・指が見えなくなっても，見えているときと同じように指先をタッチするように頭の中でイメージするよう指導します。

応用編

慣れてきたら，次の方法でも行いましょう。
・右手は（親指と）人差し指，左手は（親指と）薬指というように，左右の手で異なる指をタッチします。
・両手の指同士をタッチします。最初は親指同士，人差し指同士……と順番にタッチし，次に，「右は薬指，左は人差し指です」などと教師が指示した指同士をタッチします。
・最初は顔の前で行い，次に両手を頭の上にあげて行ってみましょう。

個別の配慮では

・まず，顔の前で順番に指タッチを行います。いま親指とどの指がふれているのかを意識しながらゆっくり行います。「人差し指……中指……」と言葉に出しながら行うといいでしょう。
・十分に慣れてきたら，見えない位置でも同様に行いましょう。うまくタッチできない指は何度も行い，その感覚に慣れさせましょう。

眼と体のチームワーク・ボディイメージのトレーニング

⑪ スムーズにかこう

指先を動かして線がスムーズにかけるよう，繰り返し練習しましょう。

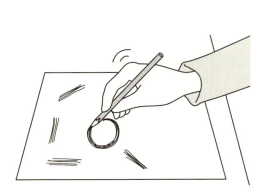

手首は固定したまま，指先を動かして，何度もなぞりがきをします。

やり方
①椅子に座り，背すじを伸ばした正しい姿勢になり，脇をしめて鉛筆を持ちます。
②手首は固定したまま，指先を動かして，紙に線をかきます。
③最初は縦・横の直線を繰り返し練習します。スムーズにかけたら，四角や丸，斜線，三角，星などの図形の同じ線の上を繰り返し，なぞるようにかきます。

留意点
・鉛筆が正しく持てない場合，補助グリップなどを使って練習しましょう（157ページ参照）。
・きれいな線がかけない場合，お手本の線や図形をなぞる練習から始めましょう。

応用編
　なるべく楽しく行うことが長続きのコツです。
例えば，丸は『シャボン玉』の歌を，縦線は『あめふり』の歌をうたいながらかくなど，イメージに合った歌を利用したり，テンポが一定の音楽をBGMにしてもいいでしょう。
　または，「おでんをかきましょう」といって，三角，丸，四角を縦にかき，下に縦線をひいて形にする（右図）という一例のように，線をひきながら一つの図形を作るなど，いろいろ工夫してください。

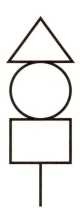

眼と体のチームワーク・ボディイメージのトレーニング

⑫おはじきいくつ握れるかな？

指先で微細な動作を行います。続けることで、細かい作業がしやすくなります。

[やり方]

準備：最初に、手を握ったり開いたりする「グーパー運動」や一つ一つの指を動かす「指おり運動」をして、指のウォーミングアップをしてから行いましょう。

親指と人差し指を使って、おはじきを一つずつ手のひらの中に入れていきます。最後に手のひらにおはじきがいくつ入ったか数えます。

最初はゆっくり、こぼさないように、おはじきを握っていきます。徐々に速く握るようにしましょう。

[留意点]

・細かい作業が苦手な子どもに特におすすめのトレーニングです。
・個人・グループでも、ゲーム感覚で行えます。

手のひらは下に向けたまま、指先を使って、なるべくたくさんおはじきを握ります。

[応用編]

・利き手で慣れてきたら、逆の手でも行いましょう。
・さらに慣れてきたら、両手で同時に行いましょう。
・また、指先の微妙な力加減ではじいて飛ばし、ほかのおはじきに当てる、おはじき遊びは、小さな動きを身につけるトレーニングとして、あるいは集中力を高めるためにもおすすめです。子どもたちが休み時間や放課後にできるよう、教室や保健室などにおはじきを用意しおくといいでしょう。

Column

家事のお手伝いはビジョントレーニングの宝庫!

　家事には眼と手を一緒に使う動作が多く含まれ，ビジョントレーニングとしてもおすすめです。学級通信などで保護者に伝え，長期休みの宿題にするなどして徐々に習慣化すれば視覚機能の向上につながり，家庭でも喜ばれ，一石二鳥です。

　家事のお手伝いは，長期休みのトレーニング例（70ページ）のように，発達段階によって，初めは大きく体を使うもの（例：床の拭き掃除），次に細かい動きが入るもの（例：浴室の掃除），複合的なトレーニングになるもの（例：料理）というステップで行うのも一つの方法です。最初はできないことも多いと思いますが，小さなことでもできたことを一緒に喜び，楽しく行うことがいちばんです。

●掃除
　低学年では，テーブルや床の拭き掃除，モップかけ，庭の掃き掃除など体を大きく使う作業がおすすめです。最初は家具の少ない部屋や廊下など掃除のしやすい場所から始めましょう。中学年以降は，浴室の掃除のほか，例えば，洗面台の蛇口の部分をブラシでこするなど，細かい動きの入る掃除も行ってみましょう。

●料理・配膳
　料理は眼と手を一緒に使うほか，献立や作業行程を考えたり，盛りつけの彩りをイメージしたり……と眼球運動，視空間認知，ボディイメージの複合的なトレーニングになります。刃物や火の取り扱いには注意が必要ですが，子どもがまだ包丁を使えなくても，素材を洗う，素材（野菜や海苔など）をちぎる，計量器で米や調味料を計る，冷蔵庫から素材の出し入れをするなど，できることは結構あります。時間がかかると飽きてしまうことも多いようなので，行程の一つを手伝ってもらうのもいいでしょう。例えば，電子レンジや炊飯器のスイッチを入れる，テーブルに箸を並べるといったことも「小さなお手伝い」の一つです。

●洗濯ものをたたむ・干す
　衣類やタオルの端をそろえてたたむなど，洗濯ものをたたむ作業も，眼と手を一緒に使う，日常化したいお手伝いの一つです。まず大人が見本を示し，たたむのが簡単なものから行いましょう。物干し竿に手が届くなら，洗濯ものを洗濯バサミにはさんで干す作業も，眼と手を一緒に使うおすすめのお手伝いです。

眼球運動のトレーニング

3種の眼球運動を鍛える「眼の体操」が基本のトレーニングです。そのほか,ここではおもに,学級で一斉に行えるワークシート使った内容を紹介します。

◉追従性眼球運動——動くものや線などを,ゆっくり眼で追いかける運動
・この働きが弱いと……
　本を読むときに行や文字を読みとばす/文字がきれいに書けない/手先を使う作業が苦手/指示された方向を注意して見ることができない　など。
・おすすめのトレーニング
　線やものを眼で追う練習を行います。眼で追えない場合は手を一緒に使って眼をサポートし,慣れてきたら眼だけで追うようにします。グネグネと曲がった線をていねいになぞる「線なぞり」,複雑に交差する線をたどる「線めいろ」のほか,つるしたお手玉にタッチする「お手玉タッチ」(84ページ)などがあります。

◉跳躍性眼球運動——ある一点から別の一点まですばやく眼を動かす運動
・この働きが弱いと……
　本を読むときに行や文字を読みとばす/文章を読むのが遅い/黒板から必要な情報を見つけるのが遅い(板書が遅い)/球技が苦手　など。
・おすすめのトレーニング
　一点から一点へ視線を跳躍させて,文字・数字を上下左右に読む練習をします。ランダムに並んだ数字・文字を順に探してタッチする「見つけてタッチ」,不規則に並んだ数字・文字・単語を縦・横に声に出して読む「ランダム読み」のほか,読みのトレーニングにもなる「言葉探し」や「単語読み」などがあります。

◉両眼のチームワーク——遠近を見るとき,両眼を寄せたり離したりする運動
・この働きが弱いと……
　ものが二重に見える/板書が遅い/眼が疲れる　など。
・おすすめのトレーニング
　両眼を同時に寄せたり離したりする練習を行います。手に持ったペンを顔の前に近づけたり遠ざけたりする「眼の体操」の「寄り眼の練習」が基本です。これがむずかしい場合は,「片眼で行う寄り眼のレッスン」を行いましょう。そのほか,近くを見るときスムーズに寄り眼ができるようにする「ブロックストリング」などがあります。
※斜視がある場合,トレーニングが行える状態か,眼科医に相談してください。

追従性・跳躍性眼球運動，両眼のチームワークのトレーニング

❶ 眼の体操「眼のあっちこっち体操」

眼球を前後左右斜めに動かすこのは体操は，眼球運動のトレーニングの基本。91ページの❶～❻を1サイクルに，毎日1日3分程度，継続して行うことをおすすめします。

　トレーニングは立位・座位どちらでも大丈夫です。慣れてきたら，片足立ちで行うとボディバランスのトレーニングにもなります（「転倒に注意して，できそうな子はチャレンジしてみましょう」といった指導がいいでしょう）。
　また，この眼の体操は，音楽に合わせて行うと楽しさも増して，継続しやすいと思います。童謡やアニメソング，あるいは眼の体操に合うテンポの流行曲を，子どもたちに選ばせて行っている先生もいらっしゃいます。下記の❶～❻の眼球の動きを曲に合わせ，創作してみてはいかがでしょうか（6ページ参照）。

◉やり方
○❶と❷は，追従性眼球運動のトレーニングです。利き手で持ったペンや自分の親指を眼の前でゆっくり動かし，視線を一緒に動かします。
○❸～❺は，跳躍性眼球運動のトレーニングです。両手にペンを持ち（両手の親指を立て），左右・上下・斜めにすばやく眼を動かします
○❻は両眼のチームワームのトレーニングです。片手にペンを持ち，寄り眼の練習を行います。

◉留意点
・頭は動かさず，眼だけを動かしてペン先（指先）を追うよう注意します。
・斜視のある場合，両眼のチームワークのトレーニングを行っても大丈夫か，事前に眼科医に相談してください。

◉個別の配慮
　眼球運動に課題があり，自分で行うのがむずかしい子の場合は，ペンを動かす役を指導者が行うといいでしょう。ペン先をタッチさせるなど，手の動きも加えるとやりやすくなります。課題のある動きを繰り返し行う場合には，様子をみて無理のない範囲で行ってください。

❶ 円にそうように動かす

ペンを顔の前で円を描くように動かし，ペンの先を眼で追います。1周10秒が目安です。反対回りも同様に行います。

❷ 線にそうように動かす

ペンを顔の前で左右にゆっくり動かし，ペンの先を眼で追います。往復で10秒くらいかけて行います。同様に，ペンを上下，斜めに動かして行います。

❸ 左右に速く動かす

両手にペンを持ち，両腕を斜め前に伸ばします。すばやく視線を動かし，左右のペン先を1秒ごと交互に見ます。往復5回行います。

❹ 上下に速く動かす

ペンを床と平行にして上下に持ち，上下のペン先を1秒ごと交互に見ます。往復5回行います。

❺ 斜めに速く動かす

左右に持ったペンを頭の横と胸の横に構えます。左右のペン先を1秒ごと交互に見ます。往復5回行います。左右の手の位置を逆にして同様に行います。

❻ 寄り眼にする

顔から50cm離れた位置から，眉間にペン先をゆっくり近づけます。両眼でペン先を見続け，寄り眼にしていきます。ペンをできるだけ顔に近づけた状態で，寄り眼を5秒保ちます。

POINT むずかしければ1秒から始め，できる範囲で行いましょう。

眼の体操はYouTube（https://www.youtube.com/watch?v=olkC3MHWj4U）で視聴できます。
『ビジョン・トレーニング』監修：北出勝也，音楽：椎名篤子，編集：村上加代子

追従性眼球運動のトレーニング

❷ 線なぞり

追従性眼球運動のトレーニングは，線やものをゆっくり眼で追う練習が基本です。ワープロでも作成できるワークシートを使う方法を紹介します。

> やり方

　線や図形を指や鉛筆でなぞります。「頭は動かさず，眼だけを動かすようにして，線からずれないようにていねいになぞりましょう」と指導しましょう。慣れないうちは指や鉛筆を使って，慣れてきたら眼だけで追うようにします。

　シートを回転させていろいろな向きから行います。慣れてきたら，図や線にそってハサミで切ってみましょう（ケガに注意してください）。

●線の上を鉛筆でなぞる

　ジグザグとした線，グルグルとした線，カクカクとした線，いろいろな種類の線をなぞり，苦手なものを中心に練習しましょう。右図のように，スタートからゴールまでをなぞるようにすると，ゲーム感覚で行えます。

●線と線の間を鉛筆でなぞる

　線を二重にして，両側の線にふれないようにして真ん中をなぞる方法もあります。シートを回転させて，上から下，下から上，右から左，左から右と，いろいろな方向で行いましょう。

●図形をなぞる

　さまざまな図形を使った線なぞりもあります。最初は，図形の周囲を鉛筆でなぞり，次に線と線の間を，線にふれないようにグルグルと何周もなぞります。スムーズにできるようになったら，反対回りも行います。最初は，四角や丸など単純な形で練習し，慣れてきたら，いろいろな形にもチャレンジしてみましょう。

追従性眼球運動のトレーニング

❸ 線めいろ

線を眼だけでたどるのがむずかしい場合は、ほかのトレーニングも行い、見る力をつけながら再度挑戦しましょう。

やり方

同じマークからマークまでを、線のとおりにたどります。

「頭は動かさないようにします。眼だけをしっかり動かします。線を見失わないように気をつけながら行いましょう。同じマークにたどりつけるかな」などと指導しましょう。

留意点

・眼でたどるのがむずかしい場合は、補助的に指や鉛筆を使ってたどります。
・それもむずかしい場合は、線に色をつけてわかりやすくするといいでしょう。しだいに眼だけでたどれるようにしましょう。
・一つの方向になれてきたら、シートの向きを変えて、左から右、右から左、上から下、下から上にたどります。
・最初は線の本数は3本くらいで交差の少ないもので練習し、なれてきたら本数を増やし、交差の多いものや、ジグザクとした曲線などにもチャレンジしましょう。

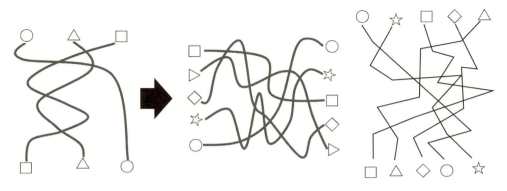

本数と交差の少ないものから始めましょう。

慣れてきたら本数と交差の多いものやジグザグの線などにも挑戦し、シートの向きを変えて、いろいろな向きで行ってみましょう。

跳躍性眼球運動のトレーニング

❹見つけてタッチ&ランダム読み

ランダムに並んだ数字・ひらがな・カタカナ・アルファベット表を使ったトレーニングです。2とおりの使い方があります。

やり方

- **見つけてタッチ**──数字の小さい順，アイウエオ順，ＡＢＣ順に指先でタッチします。慣れてきたら逆順にタッチします。
- **ランダム読み**──声に出して数字・文字を読みます。右上から縦に，次に左上から横に読みましょう。

※一度，パソコンでフォーマットを作っておけば，数字や文字をところどころ入れかえることで，何度も使えます。

ナンバータッチ〔1～49〕

18	33	7	42	27	2	32
25	13	30	16	10	39	43
20	4	48	36	46	37	23
11	34	22	44	6	8	31
28	45	1	26	15	41	17
5	21	49	19	12	38	47
14	40	9	24	35	3	29

ひらがなタッチ

さ	い	と	そ	こ		へ
ぬ	み	か	す	ひ		もら
ほ	け	め	れ	よ	わ	お
た		の	あ	ち		て
え	り	ゆ	に	せ	ね	く
ふ	を	ろ	ま	な	る	む
や	つ	き	し	は	ん	う

カタカナタッチ

ソ		ネ	ミ	オ		ヘ
モ	エ	タ	シ	ヌ	フ	ケ
ン	テ	キ	ヘ		ホ	ヤ
セ		ヒ	ア	ヲ		ト
マ	ウ		メ	ヨ	ナ	ハ
コ		カツ	ク	サ	チ	イ
ウ		ニ	ス	ノ	ム	ユ

アルファベットタッチ

a		z	k	m		h
d		u	r	s	w	t
q	v	j	l	e		v
r		x	p	c		n
b		f	o	i	g	y

跳躍性眼球運動＋読みのトレーニング

❺ 単語タッチ＆単語ランダム読み

ランダムに並んだ単語（ひらがな・漢字）を並んでいる順に音読する方法と，特定の単語を見つけて声に出しながらタッチしていく方法があります。

やり方

- 単語タッチ──①単語（ひらがな・カタカナ・漢字）を順に読んでいく方法と，②単語の最初の文字をあいうえお順に探して指でタッチする方法があります（例：あんぱん→いのしし→うんどう）。
- 単語ランダム読み──①単語（ひらがな・カタカナ・漢字）を順に音読していきます。読みの練習にもなります。②指導者が指定した単語を見つけて指でタッチしたり，○をつけたりする方法もあります。

ひらがなタッチ①あ～と（横読み）

さんみゃく	いのしし	たっきゅう
おちゃ	とり	かんづめ	せいそう
てんさい	ちくわ	えいえん
しんごう	すいか	こうつう
あんぱん	そうめん	うんどう
くんれん	きにゅう	つくえ	けいさん

ひらがなタッチ②な～わ（縦読み）

はっけん	やじうま	へいきん
むりょう	れいぞう	めいじん
のうぎょう	にんじゃ	るりいろ
ぬいもの	ふね	みりょく
ゆうこう	わに	りんどう
なんぼく	ほんとう	ろうそく
もぐら	ひこう	らいねん
ねずみ	ようこう	まいにち

漢字ランダム読み（縦読み）

証明	職業	飼育	永遠	総合	接点	逆転	効果	法則	校舎	輸出	過去
土俵	義理	河川	混雑	絶大	故郷	冒険	夢中	独立	制服	温厚	感謝
定期	興味	構造	月曜	責任	政治	技術	常夏	演技	個性	動線
運動会	解決	演技	潔白	復旧	素足	現状	復興	祖国	国境	招待	未来

跳躍性眼球運動＋読みのトレーニング

❻ なぞなぞ＆言葉探し

文節ごとに字間が広くあいたなぞなぞの問題を読んだり，眼をジャンプさせて指定の単語を探したりする，ゲーム感覚で楽しく行えるトレーニングです。

やり方

- **なぞなぞジャンプ読み**――出題を文節ごとに区切り，間隔をあけて配置されたワークシートを音読し，答えを書きます。
- **言葉探しクイズ**――ワークシートから指定の言葉を探すものです。指定の文字と似た字形や促音・濁音を混ぜると読みの練習にもなります。探す言葉の数や文字を増やすと，記憶力（視空間認知）のトレーニングにもなります

なぞなぞジャンプ読み①（横読み）

わたしは	きょうしつと
きょうしつを	つないでいます
ともだちも	せんせいも
わたしのうえを	うわばきで
あるきます	わたしのうえは
はしらずに	あるいてね
わたしは	なんでしょう
	こたえ _____

ことばさがしクイズ（ひらがな）

つぎの三つのことばがかくれています。さがして○でかこみましょう。

ゆうき　いっぱい　あつまる

いつぱいあちまるゆきゆきあつまる
ゆのきゆえきゆうきゆゆきいつま
ぽういっぱいゆうさあつまるゆい
きあしまるいっぱいいっぱいゆう
きいつばゆういっぽいいっぱいゆう
あつまろいっぱりゆうきいっぱし

なぞなぞジャンプ読み（縦読み）

ぼくは　　　　　みんなが
もっとたかく　　むかって
とびこえるんだ　うえに
　　　　　　　　はしってきて
　　　　　　　　てをついて
　　　　　　　　れんしゅうすると
　　　　　　　　とべるようになるよ
こたえ（　　　　　　）　なんでしょう？

言葉さがしクイズ（漢字仮名まじり）

次の四つの言葉がかくれています。さがして○でかこみましょう。

葉っぱ　起きる　太陽　図書館　りゅう

温図書館橋化屋しゅう台横球く駅級急
りゅう運す究あ飲きる客院期間起きる
寒階花っぱ開畑第う薬鼻き太陽着く世
登遊りゅう短きる表葉っぱ氷乗植国書
館鉄り草っぱ笛きる返流りゅう帳ろ倍
太陽波羊幸起きるか守す鉄想っ昭大陽
全柱草っぱ帳波ぐ国書館ゆ配動ゆ
暑ぐ重昔緑図書館も油きる見森て間虫
葉っぱの交星草雪ひ西読きる食母葉っぱ

跳躍性眼球運動＋読みのトレーニング

❼ひらがな単語読み

ランダムに並んだ単語を，声に出して速く読みます。
指導者が指定した単語をすばやく見つける方法もあります。

やり方

- **ひらがな単語読み①**――最初は清音の単語読みを行いましょう。眼をしっかり動かして，速く，正確に，音読する練習を行いましょう。

- **ひらがな単語読み②**――拗音・濁音が入ると音韻処理のチェックにもなります。書体が変わっても同じ文字と認識できるように，明朝，ゴシック，行書体などと書体を変えて行ってもいいでしょう。

ひらがな単語読み①（清音）

はな	ほたる	あみ
ふたり	はなし	もち
おわり	のりまき	うみ
めいし	ふた	さる
せなか	あき	あいさつ
かわ	ひと	たたみ
つくえ	はさみ	いわ
さいふ	ほね	みせ
まり	むし	つくえ
れんこん	のりもの	ひかり
こま	はな	かた
ほたて	かまきり	ぬりえ
なまえ	あひる	しるし
あした	ちかてつ	とり
はさみ	はなし	ぬま
ひと	うま	かたかな
しかく	くき	なかま
しか	けしき	れんこん
しお	はさみ	すなはま
あひる	ちから	まと
わに	かき	すいか
さんかく	ひまわり	きのう
	ふゆ	なし
	あさり	

ひらがな単語読み②（拗音・濁音）

あくしゅ	くじゃく	
しょっき	こんにゃく	
さくしゃ	ひゃく	
かしゅ	きんぎょ	
おうじょ	しゃこ	
じゅんばん	でんしゃ	
おきゃく	にんぎょ	
しゅっぱつ	どくしょ	
おもちゃ	さくしゃ	
あかちゃん	じゅんばん	
れっしゃ	しょくどう	
いしゃ	おもちゃ	
かいしゃ	でんしゃ	
しゃしん	はいしゃ	

両眼のチームワークのトレーニング

❽片眼で行う寄り眼のレッスン

寄り眼を行うのがむずかしい子どもの場合の練習方法です。片方の眼が寄りずらい場合，寄りやすいほうの眼を手で隠し，まずは弱いほうの眼を重点的に行いましょう。

　両眼のチームワークに課題がある場合，本人も気づいていないことが多いものです。「眼の体操」時の観察や「眼球運動のチェック」で，寄り眼の苦手な子どもに気がついたら，ぜひこのトレーニングを行ってください。一人では行いにくいので，教師や保護者が視標（ペンなど）を持って，状態を確認しながら行いましょう。

やり方

　寄り眼のしやすいほうの眼を手で隠します。大人が視標を持ち，50cm離れた位置から，眉間にペン先をゆっくり近づけます。ペン先を見続け，寄り眼にしていきます。ペンをできるだけ顔に近づけた状態で，寄り眼を5秒保ちます（むずかしければ1秒から始めましょう）。

　これを繰り返し行ったあとで，手をはずして両眼でも同様に行います。

POINT

　視標が顔に近づいたとき，子どもが上から視標に指先でタッチすると，指先が手がかりになり，そこに眼が向きやすくなります。

　指人形を使ったり，ペン先に子どもの好きなキャラクターを付けるなどして遊びの要素を取り入れると楽しくトレーニングできます。

留意点

・斜視のある場合は，トレーニングが可能か，事前に医師に相談してください。
・両眼とも寄せにくい子どもの場合は，片方ずつ練習しましょう。

両眼のチームワークのトレーニング

❾紙上ブロックストリング

近くと遠くを見るときの眼の切りかえの訓練を行うことで、スムーズに寄り眼ができるようにします。

やり方

用紙を眼の高さに保ち、手前から●→▲→■の順番に見ていきます。
次に逆順（■→▲→●）に見ていきます。

POINT

眼の高さに床と水平に持つことが大切です。下敷きや厚紙を利用して、ワークシートがたゆまないようにしましょう。

留意点

・子どもの正面に立ち、眼が均等に寄っているか、確認しましょう。
・どうしても寄り眼ができない場合、眼科で検査を受けることをおすすめします。

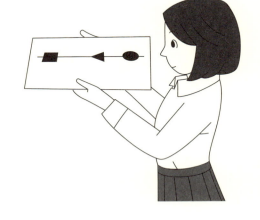

正しい見え方

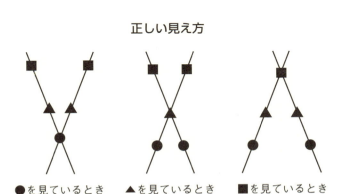

●を見ているとき　▲を見ているとき　■を見ているとき

正しくない見え方

●を見ているとき、
●が二つ見えてしまう

※「紙上ブロックストリング」の用紙はHPからダウンロードできます（11ページ参照）。

視空間認知のトレーニング

見たものの形態・状態,位置関係などを認識する「視空間認知」。ここでは基本のトレーニングと,おもに学級で一斉に行えるワークシート使った内容を紹介します。

　何らかの原因で,眼球から送られてきた映像の形や位置関係を正しく脳で認識できないと,例えば,「文字の形が覚えられない」「文字を正しく書くことができない」「図形を認識することがむずかしい」「上下左右が正しく認識できない」など,さまざま支障がおこります。

　視空間認知のトレーニングは,こうした課題のある子はもちろん,課題がない子にとっても,学習能力向上のほか,イメージ力がつくことで,ものづくりや仕事の全体像がつかみやすくなるなど,まさに将来のビジョンに広がりが生まれます。本書で紹介する「点つなぎ」や「図形カード」などのトレーニングを,ぜひ,学級全体で行ってください。

　視空間認知のトレーニングは,以下の3ステップで行いましょう。

●ステップ1:「形を見る→触れる→再現する」

　視空間認知の力は,形あるものを「見る→触れる→動かす→それをまた見る」というサイクルを繰り返すことで発達していくと考えられます。

　そこで初期のトレーニングは,トレーニンググッズ(104ページ)などを利用して,「①見本の形を見る→②見本に触れる→③見本の形を再現する」という三つを繰り返し行います。その際,手の触覚や運動感覚も積極的に利用しましょう。触覚や運動感覚が視覚と連動することで視空間認知力のサポートになると考えられています。

●ステップ2:「形を見る→記憶する→再現する」

　見本の形を短時間見た後,見本を隠し,頭の中で思い浮かべ,見本と同じ形を再現します。

　見本をよく見た後で,眼を左上か右上のどちらかに向けると覚えやすくなることがあります。眼球運動の感覚が,映像の記憶をサポートするためです。

●ステップ3:頭の中で形をイメージする「イメージトレーニング」

　例えば,見本の形を頭の中で左右(上下)反転した形をイメージして再現するなどの練習を行います。イメージ操作は,図形問題や理数系の問題を説くほか,ものづくりなどにも必要になります。

　視空間認知のトレーニングは,子どもの能力に応じてできるところから行い,少しずつ難易度をあげていきます。1日に5〜10分を目安に行うといいでしょう。

視空間認知・眼と体のチームワーク

❶ 点つなぎ

点をつないで見本と同じ図形を描きます。見え方チェック（41ページ～）で課題が見つかった場合，ほかのトレーニングもあわせて行い，見る力を高めましょう。

やり方

見本の下のスペースに，点と点を結ぶように鉛筆で線をかいて，見本と同じ形を描きます。「まっすぐな線をかいて，点と点をしっかり結びましょう」と指導しましょう。※定規を使うと，定規の使い方に慣れる練習にもなります。

留意点

・見本と解答欄の配置は，右利き・左利きの差が出ないように，見本を上，解答欄を下にします。
・線が結べない場合には，用紙の中の点に色をつけて目印にしましょう。
・図形の重なりぐあいで難易度が変わります。例えば，図形が二つ重なる図形の模写がむずかしい場合は一つから始める，難なくできるようなら三つにするなど，実態に合わせて調整しましょう。
・縦横の点の数によって難易度が変わります。5×5でむずかしい場合は3×3に，難なくできそうであれば8×8，10×10と点の数を調整しましょう。

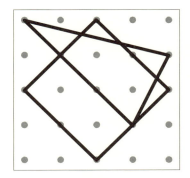

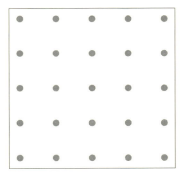

応用編

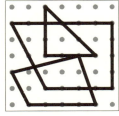

図形や線の重なりが多くなると難易度もアップします。

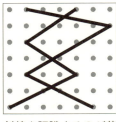

斜線を認識するのが苦手な子は，斜線の多い図形で練習を。

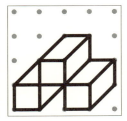

立体感を把握するために，立体図形にも取り組みましょう。

文字の模写は，文字の形を覚える練習にもなります。

視空間認知・ボディイメージのトレーニング

❷図形カード①順番を覚えよう

図形のかかれたカードを見て形と順番を記憶し，シートにかきます。学級で一斉にできるトレーニングです。

やり方

①複数の図形（3〜8個）が並んだカードを数秒間見せ，カードを隠します。

②「一度眼を閉じて，図形の形と順番を頭のなかで思い浮かべましょう……。はい，眼をあけて，図形を順番どおりにワークシートにかきましょう」などと指示しましょう。

③ワークシートに記入します。
その後，答え合わせをします（※回収するとアセスメントになります）。

留意点

・図形は覚えやすい形から始めて，徐々に複雑なものにもチャレンジしてみましょう。図形の数は子どもの実態に合わせて調整してください。

・「丸，三角，四角……」と言葉で覚えるのではなく，頭のなかで図形をしっかり思い浮かべることが大切なことを伝えましょう。

・3番目の図のように向きのある図形は，慣れてきたら逆向きを頭の中でイメージして，シートに写す練習も行いましょう。

応用編

　矢印をはじめ「向きのある図形」は，上下左右の区別をする視覚機能を鍛えるのに有効です。一緒に方向を確認することから始めるといいでしょう。
　また，かき写すだけでなく，矢印の向きなどの方向を手で指す「方向体操」を行うと，ボディイメージのトレーニングにもなります。その場合は，1枚のカードを回転させながら子どもに見せていく方法もあります。方向感覚がつかめてきたら，向きとは逆側を指すトレーニングも行いましょう。

視空間認知・ボディイメージのトレーニング

❸ 図形カード②場所を覚えよう

マス目のどこに何の図形がかかれていたかを見て正しく記憶し,解答用紙の同じマス目に図形を記入します。

やり方

① マス目（3×3, 5×5）に，いくつかの図形（○△□など）がかかれたカードを数秒間示し，カードを隠します。
② 30秒間（時間は調整してください）眼を閉じて，いま見た図形とその位置を覚えるよう指示します。
③ ワークシートのマス目の同じ位置に，覚えた図形を記入します。
その後，答え合わせをします（※回収するとアセスメントになります）。

留意点

・マス目の数と図形の数，図形の複雑さで難易度は変わります。子どもの実態に合わせて調整してください。
・図形を正しい位置にかけなかった場合は，答え合わせのときに，もう一度見本を見て，正しい位置にかき直します。

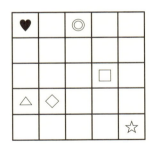

応用編

・カードを回転させると，図形の位置が変わるので，同じカードを何度も使えます。△など図形に向きがあるものを混ぜると，難易度もあがります。
・ホワイトボードにマス目をかき，図形をかいたマグネットを張りつけると，マグネットを移動することで出題が変わり，何度でも使用できます。
・上に見本，下に解答欄のあるワークシート二つ折りにし，見本を表にして配布します。見本を数秒見て記憶した後，用紙を返して見本を隠し，解答欄に図形を記入する方法もあります。用紙を広げるとそのまま答え合わせができます。

Column

視空間認知のトレーニンググッズ

パズルやボードなどのトレーニンググッズと使い方を簡単に紹介します。

タングラムパズル

三角形や四角形の木製パズルのピースを組み合わせて，図形を作ります。※

ジオボード

透明プラスチックの板に5×5の突起がついたものです。突起に輪ゴムを引っかけて，図形や文字の形を作ります。

ペグボード

木製ボードに空けられた10×10の穴に，小さな棒（ペグ）をさして，図形や文字の形を作ります。

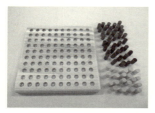

スティックパズル

いくつかの長さの異なる棒状の木製パズルのピースを組み合わせて，図形や文字の形を作ります。

トレーニンググッズの使用方法・入手方法

使用例は，上記四つとも，①見本の形を横に置き，それを見ながら同じ形を作る方法，②見本の形を記憶して，見本を見ないで同じ形を作る方法などがあります。

なお，サポートページ（11ページ参照）から，課題の見本パターンのシートがダウンロードできます。「タングラムパズル」「スティックパズル」は型紙もダウンロード可能です。厚紙などに張ってご利用ください。トレーニンググッズの入手方法についても，サポートページをごらんください。

※パズルの「アポロ」「シェイプバイシェイプ」は，当サイトでは，現在販売されていません。

第Ⅱ部　実践編

第4章

教育現場での実践例

ビジョントレーニングを学び，教育現場で子どもたちの指導に取り入れてくださっている先生方の実践例を紹介します。

※事例については，個人が特定されない形にして掲載しています。

Stage 1　学級・学校・地域の取り組み，幼児の事例
Stage 2　気になる子どもの支援の事例
Stage 3　個別支援の事例

Stage 1

全校／小学校

学級でトレーニングを行うコツ

浜田啓久（南あわじ市立八木小学校教諭）

　学級でビジョントレーニングに取り組みたいと思っても，忙しい学校生活の中で，たった5分を毎日継続して確保することは容易ではありません。そこでまず，朝活動のなかで手軽に「眼の体操」（眼球運動のトレーニング）に取り組んでみることをおすすめします。

まずは1学期続けてみよう

　どんなことにもいえますが，1日や2日で成果のあがる取り組みはありません。ビジョントレーニングの場合も，その効果を実感できるまで，わずかな時間でいいから，2〜3カ月取り組みを続けてもらいたいと思います。「毎日，短く」がポイントです。

　そのためには，まず教師が根負けしないように子どもたちが毎日続けられる仕組みをつくることが大切です。私の場合は，「眼の体操」を子どもたちだけでも実施できるように，掲示物を作ったり，眼の体操の動画をワンクリックでモニターから流せる仕組みをつくっています。

　また，子どもたちに対しては，「野球の××選手もこのトレーニングで，ボールがよく見えるようになったんだって」「サッカーの○○選手が取り入れている準備運動だよ」などと説明を行っています。社会体育などスポーツが盛んな地域ということもありますが，子どもたちにとっては，「勉強ができるようになる」よりも「スポーツがうまくなる」というフレーズにモチベーションが高まるようです。

フィードバックは効果が出てから

　学級で「眼の体操」を実施して，その様子を観察してみると，眼の動きがよい子も，眼の動きがよくないなと思われる子どもも見つかります。でも，子ども自身が，自分の眼の動き方に気づくことは，ほとんどありません。視力が悪くなっても，眼鏡をかけるまで自分では気づかないことが多いように，自分の見え方を人と比べることはできないため，多くの子どもは自分の見え方が「普通（あたりまえ）」だと思っているのです。

　ですから私も，本人に大きな困り感がある場合を除いては，眼の動きがよい・悪いといったことをトレーニングで指摘することはありません。眼の体操を続けているうちに，子どもの様子が変わったなという手ごたえが得られてきたら，そこをとらえて「自分でもわかる？　以前より眼がスムーズに動くようになったね」「前より本を読むスピードが速くなったね」などと，具体的に子どもに伝えていきます。このように，よくなってきてからはじめて，子どもにもその変化を伝えます。子どもも自分のよい変化に気づくことができますし，また，「先生にこんなことほめられた」という子どもの話から，保護者が子どもの様子やビジョントレーニングに関心をもっ

てくれることもあります。

教材を使ったトレーニング

前任校の南あわじ市立湊小学校では，次のトレーニング2種にも，5分間程度，全学級で取り組みました。

(1) 跳躍性眼球運動のトレーニング

視線を左右にすばやく動かすトレーニングとして，ドリル教材「マスコピー」（アットスクール）を行いました。左右に並ぶAとBのマスの，互いの同じ場所に書かれた数字や文字等を書き写し，空白の部分を埋める課題です。

(2) 視空間認知のトレーニング

形と空間をとらえる力を鍛えるトレーニングとして，ドリル教材「点つなぎ」を行いました。左側の見本と同じ図形を右側の記入欄に書き写す課題です。形のイメージをもち，ガイドとなる点と点をつないでいきます。

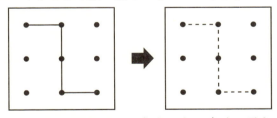

これらの課題は，予想どおり，多くの子どもが難なくこなすことができましたが，わずかな子どもにつまずきがみられました。いっぽうで，つまずきがあるだろうと予想していた子どもも，難なくできる場合もありました。子どもの視覚機能の様子を知るうえで，効果的なアセスメントの材料にもなりました。

カードで視知覚認知トレーニング

前述したトレーニングは，プリント教材など，事前の準備が必要なため，担任個人が取り組みを続けていくにはそのちょっとした負担感が課題でした。そのような折に，教材のモニターとして，下記のようなフラッシュカードを無償で提供していただけることになりました。そこで，フラッシュカードをビジョントレーニングに取り入れることにしたのです（本教材は，東京教育技術研究所より発売）。

(1) 視空間認知カードを使った授業例

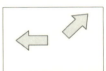

『視空間認知カード』は，見ているものの向きをとらえ，方向を区別する視知覚機能を鍛えるトレーニング教材です。左右の区別があいまいな子どもや，逆さ文字を書いてしまう子どもにおすすめです。

カードを見て，矢印の方向へ一斉に手を向けることで，クラス全体の児童の反応をつか

むことができる手ごろさも，担任にとってはうれしいところです。

以下は，湊小学校での使用例です。
① その日に使用するカードを10枚程度選びます（枚数は工夫してください）。
② カードを1枚ずつ示し，矢印と同じ方向に，左右の手を向けさせます。
③ 初めはゆっくり，だんだん速く行います。
④ グループごとに行います。
⑤ 一人ずつ行います。

矢印と反対の方向に手を向けさせると，課題の難易度があがります。手足を使うアレンジも可能かもしれません。

(2) 動物あてカードを使った授業例

『視覚推理カード　どうぶつあて』は，部分から全体を推理する視知覚機能を鍛えるためのトレーニング教材です。動物カードに黒い目隠しカードを重ねて提示し，穴の開いた部分から何の動物かを推理します。全員で声を揃えて言わせるほか，グループ別に言わせる方法もあります。

(3) その他のカード

フラッシュカードの種類は，ほかにもいろいろあります。例えば，図形や背景の色や形を当てさせる『視覚注意カード』や，消えた図形や動物を当てさせる『視覚ワーキングメモリ』などです。これは，板書を見て写す，少し前に見ていたことを思い出して書くなど，見たものを覚えて動作することが苦手な子どもにおすすめのトレーニングです。

また，時間に余裕があれば，自分でカードを作ってもいいと思います。思いつく例としては，図のように図形に矢印を入れてその形どおりに手を動かすほか，ひらがなや漢字に近い形にしたカードもいいかもしれません。

このようなカードを教室に常備しておけば，突然の空き時間や，子どもたちの集中をさっと高めたいときや，ちょっとした気分転換を入れたいときに，いつでも取り出して実施できるので，大変おすすめです。

トレーニングの土壌は学級づくり

教材を使ったトレーニングでは，どうしても「できる・できない」「早い・遅い」などが，本人や周りに意識されてしまうことがあります。また高学年の場合などは，トレーニングを行う以前から，「読むのが苦手」などと，子ども自身が人との違いを感じていたり，周りから「できない」と思われていることに傷ついたりして，さまざまなことにやる気をなくしている場合もあります。

このように子ども自身に苦手意識や困り感がすでに強くある場合は，視覚機能の課題について教師が本人に伝え，改善をめざしてト

レーニングに取り組む場合もあります。さらに，本人や保護者が望む場合は，学級の子どもたちにも本人の苦手さを説明し，配慮してほしいことや，本人のがんばりを見守ってほしいことを，伝えることもあります。

学級担任として，だれにでも得意不得意があることを日ごろから子どもたちと確認し合ったり，認めてよい違いと認めてはいけない違いを，真剣に話し合ったりしていることが背景となってこそ，できることだと思います。

子どもたちの変化

ビジョントレーニングの効果を学級担任として強く感じるのは「学級の落ち着きが増した」「子どもたちの集中力がついた」などさまざまです。子どもたちに対する声かけとしては，例えば「百人一首」の取り組みが盛んな学級であれば，それと関連づけて，成果をフィードバックするなど，学級の実態に合わせた形がよいでしょう。

また，下の「ある児童の変化」は，写すことが苦手な児童が答えをていねいに写したものです。右は，約半年トレーニングを行った後に再度同じ字を写させてみた結果です。「こちらにはねるんだよ」という指導を行ったわけではありませんが，「れ」の最後の一画の向きが正しくなっていて，視空間認知に改善がみられます。

このように眼球運動より成果が出るまで時間はかかりましたが，視知覚認知機能でも効果がみられるようになりました。

おわりに

視覚機能の知見を生かした指導は，一部の子どもたちだけのものではなく，すべての子どもにとって有効であり，教師にとってごくあたりまえの知識・技能になっていかなくてはいけないものだと思います。

ですから，学級担任として自分のクラスでビジョントレーニングを実践すると同時に，校内研修などでほかの先生にもビジョントレーニングのよさを実感してもらい，取り組みを続けていくなかで，視覚機能の問題に気づいてもらえることをめざしています。

私が数年間の取り組みをしてきたなかで，学校で長期的な取り組みのためには，以下の三つの条件が揃うことが必要だと思います。それは，

①教師の腹の底からの実感
②子どもが自然に力をつけるシステム
③手元に教材がある

です。

どんなによい実践でも，実施へのハードルが高ければ長続きさせることはできません。

どうすれば無理なく続けられるか，だれもが楽に取り組めるかを考え工夫することは，実はとても大事なことなのです。

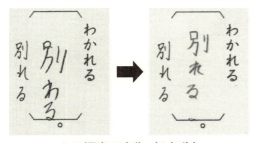

ある児童の変化（4年生）

Stage 1 〔全校／小学校〕

「毎日・5分・1年間」のトレーニング効果
――「見る力の育成」は，すべての子どもの「学ぶ力の育成」に！

安達順一（貝塚市立南小学校教諭）

「眼の硬い子どもたち」への気づき

本校では，研究テーマを「通常の学級における発達障がい等の子どもたちへの支援の工夫」とし，大阪府教育委員会の委託事業を受け，2年間の取り組みを行いました。

1年目の研究当初，まず大切なのは，子どもたちの実態を正確に知ることであると考え，梅花女子大学の伊丹昌一教授に，全学級の授業を参観していただきました。

その際，「眼の硬い子が多いですね」と，「見る力」の課題を指摘していただいたのを受けて，子どもの視覚機能についての実態把握（眼についてのアンケート，近見視力・追視などの視力検査）を行いました。

すると，伊丹先生の指摘どおり，眼球の動きが硬く，「見え方に困り感のある」子どもが多いことがわかってきました。

見え方，つまり視覚機能に弱さがあると，行や文字を読み飛ばしたり，黒板をうまく写すことができなかったり，授業の進度についていくことができないなど，学習での困難が生じます。視覚機能について学んでいくと，心当たりのある子の名前がどんどん上がりました。学力以前に，そもそも「うまく見ることができていない」子どもがいるのではないかということがみえてきました。

授業の約8割は見て学ぶものといわれています。見る力を鍛えることで，授業への集中力が高まったり，読む正確さがあがったり，読むスピードが速くなったりすることは，困っている子どもだけでなく，実は「困り感のない」子どもにとっても意味のある活動ではないか。つまり，見る力を鍛えることは，そのまますべての子どもの「学ぶ力の育成」につながると考えられるわけです。

そこで本校では，全児童を対象に，見る力を鍛えるためのビジョントレーニングに取り組むことにしました。

全児童対象のトレーニング3種

以下の三つのトレーニングを組み合わせ，朝の始業前の5分間や授業の始めの時間を使い，全学級・全児童を対象に行いました。

---
(1)跳躍性眼球運動のトレーニング
　上下・左右に親指の爪を交互に見る
(2)追従性眼球運動のトレーニング
　ゆっくりと円を描いて動く親指を見る
(3)両眼のチームワークのトレーニング
　両眼を寄せる

その際，校内放送などは行わず，クラスのタイミングで実施できるように，全学級に音声入りのCDを配布しました。スピードの遅い低学年用と，スピードの速い高学年用の2種類を用意しましたが，高学年になるほど，CDを使わずに担任がカウントしてトレーニングを行っていました。

毎日同じことの繰り返しなので，定着するまで子どもを飽きさせない工夫も，職員会議などで共有しながら取り組みました。

教員間では「一日の始まりの数分間を集中して始められるのがよかった」という意見が多くありました。学級担任からトレーニングによる劇的な変化を感じるという報告は，直接はありませんでしたが，検査結果の比較を紹介すると，「そういえば最近，音読を嫌がらなくなっている」「読み間違いが減っている」などの感想がありました。

トレーニングの効果測定

トレーニングによる効果の検証は，2013年5月と2014年12月に行った近見視力検査，輻輳・追視検査，図形模写テストにより，116名の抽出児童について比較を行いました。

(1)近見視力検査の結果

視力	2013年	2014年
1	102	104
0.9	1	5
0.8	1	1
0.7	3	3
0.6	2	0
0.5	1	0
0.4	1	2
0.3	1	1
0.2	3	0
0.1	1	0
計	116	116

近見視力検査（近くがどれくらい見えているか）の結果，116人中10名の児童に改善の傾向がみられました（グラフは，視力0.9以下の子の変化）。改善傾向を示した子が10名，悪化傾向を示した子は4名でした。

もともと遠視の子は，加齢とともに近見視力がよくなっていくことがありますが，改善した児童の中で遠視傾向の子は1人でした。

また悪化した4名も0.2以下の小さな変化でした。

したがって，近見視力の改善にも，ビジョントレーニングによる効果があったと予想されます。

(2)輻輳検査の結果

距離(cm)	2013年	2014年
5	47	71
10	16	28
15	25	4
20	10	10
25	9	1
30	4	0
35	1	0
40	0	0
45	0	0
50	4	2
計	116	116

板書を写すときなど，「黒板を見てノートを見る」といった眼の動きと関連する「輻輳・追視検査」（どれだけ近くまで眼の焦点を合わせられるか）の結果は，改善傾向の児童が58名いました（輻輳距離が10cm以下の子が63→99名に増加）。

悪化傾向の児童は14名いましたが，そのうち13名は，5→10cm等，5cm未満の悪化でした。輻輳運動が改善されることで，板書が写しやすくなる，教科書を読みやすくなるといった可能性が考えられます。

(3) 追視検査の結果

眼球運動	2013年	2014年
b	2	3
c	24	9
d	10	5
e	4	3
計	40	20

b どちらかといえば気になる
c 気になる
d とても気になる
e 非常に気になる

追視検査（目標物を眼で追いかける検査）では，視線が目標物からはずれてしまったり，顔が動いてしまったり，眼の動きがぎこちないなど，何らかの異常があった子どもをチェックしました。

「何らかの異常」が認められた児童数は，2013年5月には116名中40名でしたが，14年12月では20名に半減していました。

追視運動は，教科書の音読や漢字の書き順などで必要になる眼の動きですので，子どもの学習にもよい影響が期待できると考えられます。

追視運動の改善にも，ビジョントレーニングによる効果があったと考えられます。

(4) 図形模写テストの結果

正答数	2013年	2014年
5	21	55
4	20	17
3	33	34
2	28	10
1	11	0
0	3	0
欠	0	0
計	116	116

図形模写（図形を正確に写せるかどうか）についても，改善の傾向がみられました。

改善の傾向を示した児童は，71名（悪化の傾向を示した子は4名）いました。

全問正解（5問）する児童が21→55名と倍増していることからも，「形をとらえる力」が改善したことが伺えます。同じ問題を使用していることで，慣れてきたことも要因としてあげられそうですが，6カ月ごとの検査なので，影響は小さいと思われます。

形をとらえる力は，ひらがなやカタカナ，漢字の学習や算数の図形領域などの学習で必須です。形をとらえる力の改善にも，トレーニング効果があったと考えられます。

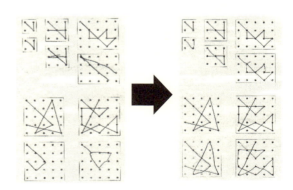

2年生（男子）模写の変化
左はトレーニング前，右はトレーニング6カ月後。
形を正しく認識できるようになってきた。

多数の児童の視覚機能が改善

毎日・5分・1年間のビジョントレーニングを含めた教育活動によって，多くの児童の視覚機能に何らかの改善がみられました。

特に，輻輳距離（寄り眼）と図形模写に関しては，大きな変化がみられました。これにより，本人は意識していないかもしれませんが，漢字の筆順や教科書の音読，板書を写す作業などの学習活動が，以前よりもスムーズに行われている可能性があります。

また，図形模写の改善傾向が2年生・3年生で大きいことが特徴としてみられました。これは低年齢ほど視覚機能の改善が顕著であることを示唆しています。

1年生で大きな改善がみられないのは，鉛筆でものを書く作業にまだ慣れていないことが原因ではないかと考えられます。

いっぽうで，視力が低下した子や輻輳距離が悪化した子もいました。ただ，悪化数値が小さいことと，視力はその日の体調などにも大きく影響を受けることを考えると，誤差の範囲といえるかもしれません。

昨今の子どもを取り巻くテレビやゲーム，スマートフォンの普及などの状況を考えると，子どもの視覚機能は，放置すれば悪化してしまう状況にあります。

そのなかでこの結果を得られたことは，本研究の取り組みであるビジョントレーニングが，子どもの視覚機能の改善に大きな効果があったことを示唆していると考えられます。

子どもの実感に表れる効果

最後に，定性的な検証として，視覚機能の改善が大きい子どもが書いたビジョントレーニングについての作文を紹介します。

子どもの作文より

6年生女子

最初は，「こんなことで眼がよくなるのか」と思っていたけれど，毎日毎日ビジョントレーニングをしていくうちに，教科書の字がスラスラ読めたり，一定の場所を見ていて，違うところを見ても，ぼやっとする数が減りました。

だから，これから毎日毎日ビジョントレーニングをしたらもっと眼がよくなるのかな？と思っています。

6年生男子

めんどうくさいけど，みんなもしているから続けていると，5年生の終わりぐらいに，字がぼやけて見えることがなくなっていることに気がつきました。

「ビジョントレーニングをやっておいてよかったな〜」と思いました。

Stage 1 　全校／小学校

視写「10分間スピードチェック」で変化を見とる
―― 各学年の視写文字数の推移と実践報告

横須賀市立根岸小学校（研究紀要より）

ここでは，横須賀市立根岸小学校のビジョントレーニングの実践報告（抜粋）と，「10分間スピードチェック」（2016年度4回実施）の結果を紹介します。

出典：平成28（2016）年度横須賀市教育委員会チャレンジA研究委託研究紀要「子ども一人一人の教育的ニーズに応じた指導や支援について研究し，確かな学力を育む土台を確立する。～ユニバーサルデザインを取り入れて分かりやすい授業を目指す～」横須賀市立根岸小学校

根岸小学校の取組み

横須賀市立根岸小学校では，2012年の保健指導でビジョントレーニングを行ったことをきっかけに，眼の動きに課題がある子どもたちが少なからずいることがわかりました。

以降，子どもが「見えにくさから学習がスムーズにいかないことがあるのではないか」という問題意識をもち，改善の手だてとして，ビジョントレーニング体操を少しずつ取り入れるようになっていきました。

ビジョントレーニング体操を行うことでは，以下のような効果が期待できました。
・音読の際の文字の読みとばしの改善
・板書の写しのスピードアップ
・漢字やひらがながきれいに書ける。

また，眼に課題のない子どもにとっても，トレーニングによって，よりスムーズに眼を動かすことができるようになることで，
・板書のスピードが上がる
・文字がよりきれいに書けるようになる
などの効果も期待されました。

こうしてビジョントレーニングを取り入れるクラスが徐々に増えていき，2016年度には全校での取り組みとなりました。

それからは，ビジョントレーニング体操（3分30秒）を，すべての学級で週1回以上，朝自習・朝の会のどちらかで取り組むこととしています。

また，学級によってさらに取り組みができる場合には，無理のない範囲で週の回数を増やすこととしています（実践の詳細は122ページ参照）。

視写「10分間スピードチェック」

(1) スピードチェック（年4回）を実施

ビジョントレーニングで見る力がついたかどうかを測る一つの手だてとして，「10分間スピードチェック」と名づけた特別な視写も行っています。

これは，「シートの上部に書かれた見本文を下のマス目に，10分間で何文字，正確に書き写せるか」を測定するものです。

学年に応じて文字数と見本文を設定・作成し，「ていねいに，速く書く」ことをめざして実施しました。

子どもの変化を見とるため，「10分間スピードチェック」は，同じ教材を使って年4回実施しました。その結果が次の表です。

10分間スピードチェック文字数の推移（素点・平均）

	満点（文字数）	4月	9月	11月	1月
1年生	124	93.90	120.74	123.18	124.00
2年生	203	134.54	162.40	184.48	192.25
3年生	286	163.57	189.85	218.44	226.83
4年生	307	202.38	256.18	276.73	284.36
5年生	282	233.79	241.80	269.06	データなし
6年生	401	282.99	321.35	338.56	352.37

※正しい位置に正しく書き写せた文字数について，学年平均値を掲載しています。
※学年により差はあるものの，いずれの学年も統計上有意な伸び率を示しています。

(2) スピードチェックの結果と分析

文字数に関しては，1回目から2回目への伸び率が大きく，学年によっては指定文字数（満点）に達した児童も多くいて，天井効果がみられました。

結果について，例えば5年生の学級担任は，以下のように分析しています。

「2回目以降，時間内に終わってしまう児童が多数いた。設定文字数が少なかった（282字）と思われるので，もう少し多めにしておくべきだった。あるいは，字数はそのままでも，視写し終わった時間を書くようにしておけば，その後の伸びを測定できたかもしれない」

また実際の学校生活を考えると，多くの子どもたちが時間内におわってしまうなかで，集団から大きく遅れてしまうような子どもは学習上のストレスが大きいと考えられます。平均値や伸びをみるとともに，書き写せる文字がほかの子どもと比べて著しく少ない，文字数が伸びないといった場合には，座席の位置に配慮したり，読み書き障害や書字障害，注意集中の困難がある ADHD などの可能性も考えながら対応したりしていくことが必要でしょう。

(3) スピードチェックのシート例

「10分間スピードチェック」では，シートの上の見本文を下のマス目に書き写します。文字数は，各学年により設定が異なります（例：4年生の場合は，307字・12字×27行に設定。上表の満数（文字数）参照）。

シートの左上には「ふりかえり」欄があり，「ていねいに書けた」「速く書けた」の2項目について，「できた　すこしできた　できなかった」のいずれかに，丸をつける形式になっています。

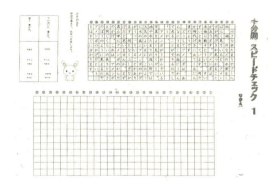

「10分間スピードチェック」シート例（4年生）

シート例と実践報告（抜粋）

　同小学校の研究紀要から，各学年で行った「10分間スピードチェック」の概要と子どもの変容，スピードチェックの分析，学習に苦手意識をもつ子どもの理解や支援等について，紙面の都合上，3学年分（1，4，6年生）を抜粋して紹介します。

10分間スピードチェックシート例（1年生）

1年生
○ビジョントレーニングの頻度
・週1回以上は行うようにし，朝の会か朝自習で取り組んでいた。
　（朝の会で行うときは教師が指導し，朝自習のときは子どもたちだけで取り組んでいた。）
○子どもの変容
・トレーニングを行うと「眼がすっきりする」「字が上手になった気がする」という声が聞こえた。
・書写の時間など眼をたくさん使って眼が疲れているときには，「こういうときはビジョントレーニングをしたいな」という声が聞こえてきたほどであった。→ビジョントレーニングを行うと，集中力が増したり，眼や脳がすっきりすると感じた児童が多かった。
○スピードチェック4回の分析・全体の様子
・声かけをしないと集中力が続かない児童は最後まで数名いた。引き続き指導が必要である。
・筆圧や鉛筆の持ち方は大方改善された。保健室の補助器具が有効（ペンシルグリップ等）。
・1年生は伸び率が大きく，2回目にはほぼ全員が規定の字数に達していた（124字）。
　※1回目が4月ということを考えると，1年生においては前期と後期で題材を変えてもよいかもしれない（今年度はひらがなの単語のみ）。
○ビジョントレーニングとスピードチェックの関連性の考察
・スピードチェックをする前に「ビジョントレーニングしてからやりたい」という声が児童から聞かれた。児童が集中したり，字をたくさん書いたりするときには，ビジョントレーニングが効果的だと感じているようであった。
　※ビジョントレーニングは集中力を高めるのに効果的であった。
○学習に苦手意識をもつ子どもの理解や支援
・図形が苦手な児童には，点つなぎ，「ジオボード」，パターンブロックを使った。漢字が苦手な児童にも「ジオボード」を使い，有効だった。

第4章 ▶ 教育現場での実践例

4年生

○ビジョントレーニングの頻度
・週2回（朝学習の時間）ビジョントレーニングの効果について話し，適当に取り組む児童がいなくなるよう指導した。
・特に朝学習で取り組むことがないときには，ビジョントレーニングを行った。

○子どもの変容
・ビジョントレーニングによってバスケのパスキャッチやサッカーのリフティング，野球のバッティングなどが向上する話をしたところ，それらの競技をしている児童が意欲的にトレーニングに取り組むようになった。
・書写などの字がきれいになった。
・全体的に板書を写すスピードがあがった。
・ていねいさを意識して書く姿が見られるようになった。

○スピードチェック4回の分析・全体の様子
・全部書けた児童は，4月6人，9月27人，11月41人，1月44人と毎回増えていった。書ける行数が少ない児童も減ってきており，全体的に書くスピードは確実に向上している。
・4月から9月の伸びが著しいが，これは2回目ということで文章を覚えていたり，どのくらいのスピードで書く必要があるのかを予測できた児童がいたことによると思われる。
・ていねいさにこだわるあまり，全部書けない児童がいた。年間4回あるので，書ける児童は回を重ねると，逆に集中しなくなったり，別の目標をもつ児童もいた。

○学習に苦手意識をもつ子どもの理解や支援
・黒板の周りにはあまり掲示物を貼らずにシンプルにして，集中できる環境をつくった。

6年生

○ビジョントレーニングの取り組み方法
・毎日，朝の会等
・一斉に音楽を流して実施
クラスによっては，一人ずつ前に呼び，眼のチェックを行う。

○子どもの変容
・各担任がビジョントレーニングの必要性をその都度伝えていくことで，トレーニングの真剣度が増していった。そのことにより，4月当初の眼の動きより，明らかに眼の動きがよくなった児童や，寄り眼ができるようになった児童が増えた。
・しかし，まだまだ眼の動きが悪い児童がいるので，継続する必要がある。

○スピードチェック4回の分析
・全部としては，回数を重ねるたびに，書く文字数は増えた傾向にあるといえる。
・しかし，個人的にはあまり変わらなかった児童や，若干減ってしまった児童もいた。そのことは，その児童の性格も関係しているように推察される。例えば，とても慎重な児童は，書きながら推敲してしまい，時間がかかってしまうという点だ。

○学習に苦手意識をもつ子どもの理解や支援
・眼の動きの悪さにより，学習に影響があると思われる児童については，養護教諭との連携により，できるかぎり家庭にお知らせし，眼科受診を勧める配慮をしてきた。そのことにより見やすさを得た児童もいる。
・板書を写すのが苦手な児童には，ノートのどこに何を書けばいいか，書く文章を手元にもってくるよう声かけする。
・板書をする際，文字を大きく書く。
・児童の座席の配置等，その都度支援を行っている。

Stage 1 地域・全校／小学校

教員間の連携で地域に広がる取り組みに！
——CD配布，養護教諭の協力で，学校に取り組みが広がる

本谷あゆみ（東京都北区柳田小学校主幹教諭／巡回拠点「やなぎだ」巡回教員）

きっかけはビジョンの講習会

私が巡回指導教員として子どもたちへかかわるなかで見えてきた児童の困難さには，次のようなものがあります。

・板書を写すことがむずかしい
・行の読みとばし，一文読みが苦手，どこを読んでいるかわからなくなる，などがある
・姿勢の保持がむずかしく，視線が常に動く
・自分の持ち物がすばやく探せない
・先生や友達が読んでいる箇所がわからない
・マス目に文字が収まらない
・鉛筆や箸を上手に持つことができない

上記のような課題のある子どものために，以前から「マスコピー」や「点むすび」などの教材を取り寄せて指導してきました。

2015年12月に北出勝也先生を北区に招いて開催された講習会（北区の特別支援教育部会主催）で，ビジョントレーニングのお話を聞く機会がありました。このとき，いままでの自分の指導と子どもたちの視覚機能の問題が結びつき，関連教材の意味などがすとんと腑に落ちました。

この講習会には，私たち巡回教員のほか，養護教諭，特別支援教育コーディネーター等も参加していて，地域の教員にとってもビジョントーニングを知るきっかけとなりました。講習会に同席していた養護教諭からは，「保健指導の中で全校児童の眼球運動のチェックを行いたいので，巡回教員も手伝ってほしい」とさっそく依頼を受けました。

保健指導で実態調査

(1)対象児以外にも課題のある子を発見

子どもたちが身体測定になれてきた1月の保健指導（1時間）の時間を使って，養護教諭・学級担任・巡回教員の3人で手分けをし，児童の身長・体重測定に続けて，以下の眼球運動のチェックを行いました。

①跳躍性眼球運動
②追従性眼球運動
③両眼のチームワーク（寄り眼）
④チェックの際，頭を動かさずにできるか

(2)教職員と子ども本人が気づくきっかけに

スティック状の指標を用いて，頭を動かさずに眼だけで指標を追うように子どもに指示し，一人一人の眼の動きをチェックしていきました。すると，巡回対象児以外にも，眼の動きが悪い子どもが学級に複数人いることがわかりました。また，学級担任によると，それらの子どもたちはいずれも，板書が苦手，漢字が覚えにくい，など学習上の困難さをもっていることがわかりました。

この経験により，「学級には見え方に困り感を抱いている子どもがいて，その子たちは学習に困難さを抱えている」という共通認識が校内の教職員間にできました。

養護教諭による保健指導・教材作成

その後も地域で情報交換しながら，養護教諭たちが保健指導や保健だよりで視覚機能やビジョントレーニングを取り上げたり，見る力を育てることの大切さを伝えたりして，児童と保護者への理解啓発に努めました。

ある養護教諭は，眼の仕組みをわかりやすく伝えるために，『めのはなし』（堀内誠一／福音館書店，絶版）という眼の働きについてユーモアをまじえて描いた絵本をもとに，「見る力を育てよう」というタイトルのスライドを作りました。このスライドは，学校集会や保健指導で活用されています。

ある保健指導の公開授業では，養護教諭の見本動作と学級担任のギター伴奏のもと，子どもたちと保護者が一緒にビジョントレーニングを行うシーンもありました。

眼の体操のCDで取り組みが学校に

2015年から始めたビジョントレーニングの取り組みは，地域の教員（おもに養護教諭）と巡回教員の連携によって，徐々に各学校へ広がっていきました。私も巡回教員として地域の4校を回りながら，課題を抱える子どものビジョントレーニングについて，担任や保護者への個別のアドバイス等を行いました。

取り組みが学校全体にまで一気に広がったと感じたのは，「眼の体操」のCDを校内に配布したときのことです（121ページ参照）。このCDは，2016年に柳田小学校の教員数人で制作したもので，地域の養護教諭はもとより，地域外の養護教諭も各学校に持ち帰り，活用されています。

学力向上の視点からも

「ビジョントレーニングの活用」は，柳田小学校学力向上委員会の「学習トレーニングの定着・今後の計画」（2016年6月）でも取り上げられています。

ここでは「目玉（黒目）をよく動かし，脳の前頭葉の血のめぐりをよくすることで，勉強・運動・生活の力をアップさせていく」ことから，「一日の初めに実施することが効果的であるため，朝学習あるいは1時間目の初め等で（眼の体操を）1回行えるCDを流し，取り組む。時間設定がむずかしいときは他の時間でもよいが，なるべく早い時間帯に毎日取り組むことにしていく」と，毎日の実施を全学級に促しています。

当初は，一斉放送で眼の体操の曲（前述のCD）を流す案も出されましたが，学級の都合もあるので，各学級で時間をつくって行うことになりました。

「眼の体操」の成果

(1) 10分間スピードチェック

全校の取り組みとなった柳田小学校では，「眼の体操」の成果をみるための測定も行いました。

『うつしまるくん』（光村教育図書）を購入していた3年生を対象に，「10分間スピードチェック」を2016年4月下旬と7月中旬に2回実施し，書き写した文字数の変化を測定しました。その結果が次表です。

平均文字数 (書き写せた文字数－誤って書き写した文字の数) の平均 (46名分)	4月	7月
	185.2	209.4

指導前の平均点と指導後の平均点の差が統計的に有意かを確かめるために、有意水準5％で両側検定のt検定を行ったところ、t（45）＝4.1823，p＜.01で、指導の前後の平均点の差は有意であることがわかりました。

(2)眼球運動のチェック

また、同年2016年の1月と7月には、再び身体測定で眼球運動のチェックを行いました。下表は、「四つのチェック項目で困難さのみられた児童数の比較」です。

四つのチェック項目ともに、困難さのみられる子どもの数が減少していることがわかります。

	跳躍性	追従性	寄り眼	顔の動き
1月	7人	8人	12人	4人
7月	2人	3人	8人	3人

ビジョントレーニングの可能性

最後に、ビジョントレーニングを学校で行う意義について、私の考えをお伝えしたいと思います。

(1)課題のある子もない子も一斉に行える

普通学級でも、見る力に課題のある子どもが学級に数人はいると思います。なかには個別指導を行うほうがよい子どものケースもありますが、学級全体でトレーニングを行うなかで、個々の子どもの課題を解消していくことが望ましいと思います。

見る力に課題のない子どもにとっても、ビジョントレーニングを行うメリットはあります。ビジョントレーニングを始めた担任の先生方からは、子どもたちに「落ち着きが出てきた」「集中力がついた」というお話をよく聞きます。また、「テンションがあがっていた休み時間のあとに行うと、クールダウンになる」という先生もいます。

(2)子どものモチベーションがアップする

ビジョントレーニングの教材は、短時間で楽しんで行うことができます。

また多くの場合、取り組むほどにレベルアップしていくので、例えば「1分間で探せる数字が増えた」などと、数分でモチベーションを上げることができます。

これは、教員が子どもをほめる材料になり、そこから本来行いたい学習に入りやすくなるので、指導の糸口にしやすいといえます（154ページ参照）。

(3)子どもの課題の糸口に

いまの子どもたちは、環境・遊びの変化により、ゲームやスマートフォン等小さな画面を見ることが多くなっています。

落ち着きがない子ども、集中力・注意力が続かない子が増えているいっぽう、学習に困難さを抱えている子どもも少なくありません。学習の困難さは、個々の子どもによりさまざまです。例えば、読み間違いが多い、マス目に字が収まらない、眼と手が上手に連動できないなどと複数の課題がみられる子どももいます。

こうした子どもたちの課題を感じながら、「まず何をしたらいいのか」と悩まれている先生方には、「その根底にある『ビジョン』に取り組むことが、課題の解決に向けた糸口になるかもしれませんよ」と、アドバイスしたいと思います。

実践例

グッズの工夫で手軽にわかりやすく眼の体操を！

聞くだけで眼の体操ができるCD

　眼の体操をCDやDVDにしたものは多くありますが、教員が動作する手本を見たり、動画を見たりして動きをまねする必要があるため、うまくついていけずに、教員の様子をただずっと見ているだけの子、違う動きをする子などがいます。初めに保健指導などでじっくりと取り組んで、動き方を指導しておくことが必要になります。

　そこで、眼の体操を、子どもたちにとってはもっとわかりやすく、教職員にとってはもっと手軽に行える方法はないかと考えた結果、私（本谷）を含め、柳田小学校の教員数名で「聞くだけで眼の体操が行えるCD」を作ることにしました。

　具体的には、『手のひらを太陽に』（作詞やなせたかし／作曲いずみたく）の主旋律を私がピアノでひき、声の通る教員に「左、右、左、右、上、下、上、下、次は斜めです……」といった眼の体操のやり方の指示を、ピアノに重ねて音声で録音してもらったのです。

　これですと、次に行う動作が言葉の指示によってわかるので、聞くだけで眼の体操を行うことができます。CDのスイッチを入れればよいだけなので、朝の会や朝自習のときに、子どもたちだけでも実施できます。

　曲の時間も2分ほどと短くし、より手軽さを増したことが功を奏し、全校集会で行うなど、校内での取り組みも広がりました。

　眼の体操を全校集会で行うと、1年生も高学年の様子を見て「やってみよう」という気持ちになり、見よう見まねで行う姿が見られます。うまくできない子も少なくありませんが、まず、行ってみることです。続けるうちに1年生でも確実にできるようになります。

簡単視標になる透明シート

　眼の体操で眼球運動のトレーニングを行う際に、視標を一定の間隔に置いて、眼を動かすことがむずかしい子どももいます。

　そうした子どもには、B4大の透明シートを利用します。左右30cm程度離した位置に異なる色のシール（例：右に赤い車のシール、左に青い車のシール）を張り、それを持たせながら「赤、青」と指示して行うと、等間隔で眼を動かすことができます。斜めの眼の動きもシートを傾ければいいので容易に行えます。透明シートなので、裏側から教師が子どもの眼の動きを観察することができ、一石二鳥です。

Stage 1 全校/小学校

保健指導から全校へ！
―― 視覚機能の支援で子どもの元気を取り戻す

小宮圭子（前横須賀市立根岸小学校養護教諭）

ビジョントレーニングとの出会い

　私は初任から16年間，中学校に勤務し，その後は現在までの約10年間，小学校に勤務しています。

　中学校勤務の際，視力には異常がないのに見えにくさを訴え，眼科では異常は見つけられず，最後は児童思春期精神科に通院していた子どもがいました。

　さまざまな検査を行ったようですが，結果として原因がわからないまま，経過観察をするしかありませんでした。

　小学校に転勤してからも，眼科医から「心因性」という診断で経過観察になる子どもが毎年何人かいました。私自身，何かすっきりしない気持ちを抱きながら，健康診断で視力検査をしては，0.7以下の児童に眼科の受診勧告をしていました。

　2012年の夏のこと，9月に行う保健指導のために情報収集していた際に出会った本が本多和子・北出勝也『「見る」ことは「理解する」こと』（山洋社）でした。そこで初めて，「視覚機能」というものがあることを知ったのです。

　「勉強ができない，わからない」という子どもたちのなかに，「見る力」が弱い子どもがいるのではないかと考え，早速，9月の保健指導で取り上げることにしました。

保健指導でみえてきた実態

　その際には，「眼のはなし～『見る』はたらきを高める眼のトレーニング」というテーマで，各学級で発育測定を含め，1時限（45分）の保健指導を行いました。

　北出勝也『ビジョントレーニング』『ビジョントレーニング2』（図書文化）等を参考に，追従性眼球運動，跳躍性眼球運動，両眼のチームワーク（寄り眼），ボディイメージ（まねして動こう）の四つを取り上げ，実施しました。

　するとウォーミングアップの段階で，「眼が痛い」「気持ちが悪い」と言う子どもが出てきました。気分が悪くなった子どもには無理はせず，できそうだったら途中から参加するように伝えて続行しました。

　動かないものをじっと見る「注視」でさえも「じっと見ていると眠くなる」という子どもや，眼が動いて一点を見ていられない子どももいました。予想以上に眼の動きが悪い子どもが多いことに驚かされました。

　保健指導中は担任の先生に，子どもたちの眼の動きを観察してもらいました。その後，担任と話をすると，眼の動きが悪い，あるいは，まねして動くことがむずかしい子どもの多くは学習や生活面で苦労があるか，落ち着きがないことがあることがわかりました。

　担任には，眼の動きが悪い子どもはもちろ

ん，問題がない子どももいろいろなことがレベルアップする旨を伝え，学級全体でビジョントレーニングを行うようすすめました。

保健室から学校全体の取り組みへ

2012年9月の保健指導後，ビジョントレーニングを行うよう先生方に呼びかけました。しかし当初，賛同者は少なく，いくつかの学級にとどまりました。

そこで，校内でトレーニングを取り入れられそうなところを探し，校長の許可のもと，担当者に相談し，以下のような活動を組み込みました。

(1) 外遊びの励行――トレーニングの前提

眼を動かすことは，体の動きのなかで微細運動と呼ばれる，細かな体の動きです。微細運動は，体を大きく動かす粗大運動のあとに行うと効果的といわれるので，まず，外遊びで体をたくさん動かすことをビジョントレーニングの前提としました。

(2) 数唱30回しながら眼を動かす（1年生）

2013年は，1年生の朝の会で，肩幅に広げた両手の親指の先を交互に眼で追いつつ数唱するトレーニングを続けました。日直の声かけで行うことで，子どもたちのなかにもビジョントレーニングが定着していきました。

(3) 教室や廊下で数字探し

「数字探し」などの用紙をラミネートして廊下に張ったり，教室内に張ったりして，いつでもトレーニングができるようにしているクラスもあります。

(4) 長期休みの課題として

長期休み（夏・冬）には，学級担任と相談し，学年別に，ビジョントレーニングのカリキュラムを立て，配布しました（156ページ参照）。

(5) 取り出し授業のウォーミングアップ

集団の授業だけでは理解がむずかしい子どもたち（学級に1〜4人）を別室に集めて行う「取り出し授業」で，着席前に黒板に張った「ランダム読み」（数字の縦読み・横読み）

朝の会でビジョントレーニング体操

2015年1月の保健指導では，『ビジョントレーニング体操』の動画（右の画像※）を使って子どもたちにやり方を紹介した後，みんなで行いました。

その後，2015年4月には『ビジョントレーニング体操』の音声をCDに録音して各クラスに配布しました。

2016年からは，週に一度（クラスにより毎日）児童が教室でこの体操を行うようになりました。毎日行うことをすすめていますが，クラスの状況によってさまざまです。

※『ビジョン・トレーニング体操』（監修：北出勝也，音楽：椎名篤子，編集：村上加代子）は，眼球運動のトレーニングを紹介した3分36秒の動画。YouTubeで視聴可能（90ページ参照）。

を行ってから授業を始めてもらいました。

(6) 放課後，学習ルームでのトレーニング

　本市（横須賀市）では，放課後に補習教室を開き，授業だけは学びにくい子どもたちの学習のサポートをしています。担当のサポートティーチャーに賛同してもらうことができ，来室する子どもにトレーニングを行うことができました。

視写と効果測定の取り組み

　2015年には6年生の2クラスで，ほぼ毎日，朝の会でビジョントレーニングを行い，2カ月に一度，視写「10分間スピードチェック」として効果測定を行いました。速く書くことにとらわれてていねいさが伴わない子どももいることから，「ていねいに，速く」書き写すよう，教師が声かけをして行います。

　効果測定中，子どもの様子を観察していると，書き写しが遅い，鉛筆の持ち方が悪い，写し間違えが多い，字が汚い，マスからはみ出す，姿勢が悪い，体が動くなど，10分間でいろいろなことがわかりました。

　効果測定の回を重ねるごとに書ける文字数は増えていき，字もきれいに書けるようになっていきました。

　回を重ねるごとに結果がよくなることで，子どもたちは喜んでいましたし，教師にとっても励みになりました。

保健室での視覚機能検査

　クラスで取り組みを続けるなかで，担任との情報共有により，視覚機能に課題がありそうな子どもをピックアップし，保護者に状態を伝え，視力検査や眼球運動など，養護教諭が調べられる範囲の視覚機能検査を行いました（62ページ参照）。

　結果はすべて担任・保護者にお伝えし，場合によっては専門家による視覚機能・視覚認知検査をすすめています。

養護教諭としてのコーディネート

　子どもについての見方・感じ方は，教師と養護教諭とは異なる場合があるので，日ごろから職員室で子どもたちの様子についてよく話を聞き，意見交換をしています。

　私自身，子どもたち全員が集まる場や授業の様子などを見たり，提出物（ノートやプリント），テストの採点結果などを職員室で見せてもらったりして，支援の必要性が高い子どもについて担任と話をしています。

　担任が具体的に子どものどこに問題があると感じているか，実際に本人は何に困っているか……低学年では本人が気づかない場合もあります。

　担任が定例の面談等で保護者に困り感の確認をし，問題の共有と改善に向けての方向性を探ります。その段階で必要があれば担任が保護者に「お子さんの眼に課題があるかもしれないので，面談後に保健室で詳しいお話を聞きますか？」とつないでもらい，私（養護教諭）が助言したり，あるいは面接に加わったりします。

　日々子どもたちと接している先生方には，現象面から背景を見とる力をつけていただくことが大切です。私は養護教諭として，子どもに視覚機能の課題がありそうな場合，検査・アセスメントを含めた支援につなげられるよう，今後もコーディネートしていきたい

と考えています。

校内研究の一環として

「見る力が弱く，学習や生活に支障が出ている子どもたちがいる」

——これを校内で言い続けたことで，多くの先生方に視覚機能について理解していただけたと思います。

当初は，身近な人（職員室でよく話をする教員）に，研修会に参加した内容を話し，興味をもってくれた先生方が学級でビジョントレーニングを行いました。私も，学年に協力する形で，介入し指導したこともあります。

結果を職員室でフィードバックするうちに，校内研究で取り上げたいという声につながり，2016年度には，校内研究で視覚機能を含めたユニバーサルデザインの授業を研究することになりました。

本研究では，子どもの困難さの見とり（教師の子ども理解の力の底上げ），子ども自身の力を高めるための視覚機能のアセスメントとビジョントレーニング，困難さをもった子どもへのユニバーサルデザインを扱っています。教師一人一人が視覚機能について理解し，支援が必要な子どもたちに有効な手だてを考え，授業で何ができるかを模索しながら行っています。

ビジョントレーニングの全校での取り組みは，前述した朝の会で行うビジョントレーニング体操をはじめ，2015年は2クラスで行っていた視写の取り組みも，全校で行うことになりました。毎週1回の朝自習は視写の課題を行い，成果の確認は各学年で，2カ月ごとに「10分間スピードチェック」を実施しています（114ページ参照）。

担任や保護者と相談しながら，有効なビジョントレーニングのプログラムを考え，見る力の弱い子どもたちに，さらなる改善の手助けができるとよいと考えています。

子どもの元気を取り戻す

私自身，視覚機能について学び，ビジョントレーニングを続けるなかで，見る力と同様に聞く力を高めていくことも重要であることに気づきました。それらの土台となる平衡感覚・固有感覚・触覚（無意識に働く三つの感覚）が，子どもたちの学習・運動・生活を支えていることがわかりました。

日常的に車を使うことが増え，子どもたちは歩く機会が少なくなりました。スマートフォンやゲームなど遊びが変化したなかで，大事な感覚の発達が十分でないまま学齢期を迎えてしまった子どもたちの，感覚統合分野の理解を深めていきたいと考えています。

教員自身がさまざまな支援の引き出しをもつことで，個々の子どもに合った支援の方法を見つけやすくなります。

視覚機能について学ぶ以前，「眼科的には異常なし」とされながら見えにくさを抱える子どもに私ができたのは，励ますことだけでした。しかし，それは根本的な解決にはなりません。

視覚機能の支援を通じて私が何より感じたこと，それは，子どもの困り感の背景にあるものが何かを，子どもと保護者と一緒に考えることで，子ども自身が「自分は大切に思われている」と実感し，元気を取り戻すことができるのだということです。

Stage 1　全校／小学校

教員集団のスキルアップから子ども理解を深める
―― 3年間の取り組みで成長した教員一人一人の気づきと手だて

井阪幸恵（和泉市立国府小学校教諭）

はじめに

　私は約10年前からビジョントレーニングに取り組み，子どもたちの「見る力と集中力の向上」についての効果を実感しています。そこで，多くの先生方にビジョントレーニングのよさを知っていただきたいと思っています。

　しかし，当然のことながら，校内にはビジョントレーニングのことを知らない先生も多くいます。またせっかく知ってもらえたとしても，学校の異動があればゼロからのスタートです。

　ここでは，私の現在の勤務校である国府小学校でどのように取り組みをスタートさせ，どのように広がったかを紹介することで，これから勤務校でビジョントレーニングを始めたい先生方の参考になればと思います。

1年目の取り組み

⑴眼の体操を全校で

　本校へ転勤した平成25年度当時，ビジョントレーニングを知る学級担任はほとんどいませんでした。もちろん本校でも，「視空間認知」「眼と手の協応」などという言葉は初めて聞くという先生がほとんどでした。

　私は本校で特別支援教育コーディネーターを任されたことから，まず全校の子どもたちの様子を観察することから始めました。すると，眼の動きが硬い子どもが多いことが気になりました。

　そこで，子どもたちの「見る力」の向上をめざして，眼球運動の改善に取り組むことを職員会議で提案しました。

　最初に始めたのは，各学級で行う「眼の体操」です。眼の動きがスムーズになることで，子どもたちの「見る力」が向上します。

　ビジョントレーニングについての詳しい説明は後に回して，まずはこれまでに自分が効果を確信していたことを，ほかの先生方にも「眼の体操」で実感してもらおうと考えました。

眼の体操（ビジョントレーニング）

①跳躍性眼球運動

　●● 　●●　　右，左　往復4回
　●● 　●●　　上，下　往復4回
　右上，左下往復4回
　左上，右下往復4回

②追従性眼球運動

　●●⇔●●　　右⇔左　往復4回
　●●⇔●●　　上⇔下　往復4回
　右上，左下往復4回
　左上，右下往復4回
　●●→●●→●●→●●→●●　時計回り
　●●→●●→●●→●●→●●　反対回り

③両眼のチームワーク（寄り眼）

　遠くを見て→親指を見て→近づける　2回

多くの先生に実践してもらうためには，環境づくりが必要です。慣れない人が眼の体操に取り組む際は，ゆっくりと一定の速さで行うことが望ましいことから，子どもたちも受け入れやすいボーカルグループ「GreeeeN」の『遙か』を選曲し，リズムに合わせて，跳躍性・追従性・両眼のチームワークの眼球運動を，各学級で行ってもらうことにしました（図参照）。初めに6年生に教え，6年生が縦割り班で下学年に伝えていくことにしました。

(2) 簡単にできるアセスメントを工夫

いっぽうで，実践をするからには結果の検証も必要です。先生方の負担にならないよう，わかりやすく，日々の授業や行事に追われるなかでも時間をかけずに取り組めるアセスメントとして，以下の二つを考えました。

見本と同じ図形を正しく選ぶことができるかをチェックする「視覚認知テスト」と，どれくらい正しく書き写すことができるかをチェックする「模写テスト」です（いずれも，『ビジョントレーニング2』北出勝也／図書文化を使用）。

テストは9月と12月の2回実施しました。下表は，視覚認知テスト・模写テストで，5問中2個以上の間違いがあった児童の割合です。

	視覚認知 （9月→12月）	模写 （9月→12月）
1年生	23% → 8%	24% → 14%
2年生	10% → 5%	9% → 3%
3年生	5% → 3%	7% → 6%
4年生	6% → 4%	16% → 7%
5年生	4% → 0%	7% → 1%
6年生	4% → 0%	7% → 2%

結果は，眼の体操を積極的に実践しているクラスほど効果が顕著であり，担任からは「授業に集中するようになった」「クラスが落ち着いた」という声が多く聞かれました。

2年目の取り組み

(1) テストを簡易化して取り組みやすく

4月には教職員の入れかわりが多くあったため，年度当初に眼の体操について，再度伝達を行いました。しかし，この年は運動会が秋から春に変更となり，行事の調整や学習の進め方など話し合いが必要な機会も増えて，先生方に眼の体操に取り組む余裕が少なくなりました。そこで，無理をせず，できる範囲での取り組みをすすめていきました。

効果検証のための視覚認知テスト・模写テストについても，問題を厳選して出題数を減らし，実施に時間がかからないよう工夫をしました。

この年はさらに「音韻認識テスト」も行いました。これにより，音韻認識の弱さが聞く力，ひいては書く力に影響することの理解も深めてもらおうと考えました。

6月に行った視覚認知テスト・模写テストの結果は，前年の取り組みもあり，2年生以上では向上していました。まだトレーニングを行っていない1年生では眼の動きが弱い子どもたちが多く，トレーニングの必要性を確認しました。

(2) 視覚機能に弱さをもつ子どもへの支援

6月のテストで，視覚機能に特に弱さがあると思われた子どもたちについては，北出勝也先生に来校いただき，眼球の動き，DEM検査による読みの力，木製パズルによる視空

間認知の力などをアセスメントしていただき，望ましい指導方法についても個別にアドバイスをいただきました。

この結果を受けて，保護者の了解のもと，該当の子どもには個別にビジョントレーニングを行いました。

毎日，休み時間に10分程度のトレーニングを3カ月間行ったところ，12月のテストで大きな改善がみられました。

ビジョントレーニングの効果を多くの先生に実感してもらう機会になりました。

個別のビジョントレーニングで行ったこと

※眼の体操のほか，以下のツールを使用

- 北出勝也『子どものビジョントレーニング』（PHP研究所）の中のトレーニング
- 木製パズル
- トランポリン
- パソコンのビジョントレーニングソフト　など

3年目の取り組み

(1) 教員一人一人の気づきと手だてへ

1年目，2年目の取り組みから，ビジョントレーニングの効果や子どもへの気づきの大切さが，少しずつ学校全体に浸透していきました。このころには，先生方の間でも「視覚認知」「眼と手の協応」という言葉が普通に使われるようになってきました。子どもたちとの会話でも，「毎日家で（ゲームの後に）ビジョントレーニングをしている」といった声が聞かれるようになりました。

次の段階として，教員一人一人が個々の子どもたちの状態に気づき，手だてができるようになる工夫が大切と考えました。

これまで，視覚認知テストと模写テストの評価は，すべて私が行ってきましたが，担任自身が行うことで，より「気づき」につながるのではないかと思いました。その後，データ化を私が行い，クラスごとに必要なトレーニング方法を提示することで，学級担任の指

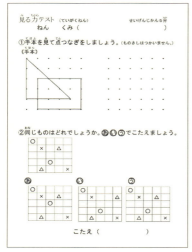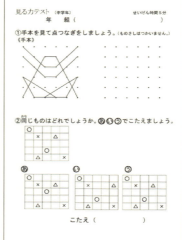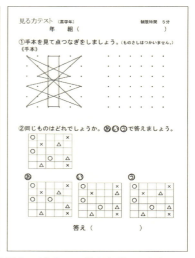

図　ビジョントレーニングテスト。左から低学年用，中学年用，高学年用。当該学年の漢字の画数を意識して考案。

導の幅も広がると考えたのです。

そこで、子どもの「気づきのためのテスト」として、視覚認知テスト・模写テスト、音韻認識テスト、地の色アンケートを、各学級で実施してもらうことにしました。

市販されている教材はこれまでのトレーニングで使ってしまったため、視覚認知テストと模写テストの課題は、新たに私が作成しました。1年目と2年目は全学年共通の課題で行いましたが、これまでの経験から、課題も子どもの成長段階に合わせることが望ましいと考えて、低学年・中学年・高学年向けにそれぞれ作成しました（前ページ図参照）。

地の色アンケート（例：何色のマーカーが一番見えやすいか）については、代表的な5色を選んで行いました（※52ページ参照）。

音韻認識テストについても成長段階に合わせた課題を行い、学級担任が評価したものを、私がデータ化し、まとめました。

(2)個々のクラスに合った指導法を実践

発達段階に合わせてテストを行うと、高学年で弱さをもつ子どもたちがはっきりとわかりました。また、眼球運動、視空間認知、眼と手の協応の弱さについて、クラスで傾向が異なることもわかりました。

クラスの子どもの実態に合わせて、眼の体操を中心に行う、パズルに取り組む、線なぞりや点つなぎに取り組むなど、いろいろな指導法を提案し、実践してもらいました。

地の色アンケートの結果は、多いものから順に、①薄い黄色、②白色、③水色、④薄い緑色、⑤薄いオレンジ色で、①と②が大勢でした。先生方への聞き取りから、通常学級では地の色への配慮は特に必要性はないという結論になりました。音韻認識テストの結果は、間違い分析から研修を重ね、指導法の工夫につなげることができました。

このように、3年目は学校全体で研修を重ねて指導法を学び、それぞれのクラスで実践することができました。

個別指導の場での取り組み

(1)子どもの実態に合わせ、ていねいに共有

ビジョントレーニングは、子どもたちの実態に合わせて、通級指導教室と特別支援学級でも実践しています。これらの個別指導の場では、通常学級とはまったく違って、個人に合わせた指導が必要です。

個別指導の場を利用する子どもたちは、障がい種別も多岐に渡り、それぞれの対応が求められますが、障がい種別にかかわらず、見る力に弱さをもつ場合が多くあります。そのため、通常学級に比べ、通級指導教室や特別支援学級の先生方とはビジョントレーニングの方法やねらいをていねいに共有してきました。

通級指導教室と特別支援学級での実践

①眼球運動で眼の準備運動

眼の体操、数字タッチ、ランダム読みなど

②視空間認知トレーニング

「ジオボード」、木製パズルなど

③眼と手の協応運動、眼と体の協応運動

点つなぎ、矢印体操、まねっこ体操など

今後、多くの学校でビジョントレーニングが広がり、教員の適切な気づきと指導によって、子どもたちが笑顔で過ごせることを願っています。

地域・全校／小・中学校

地域全体で「視覚機能育成」を！
―― 「児童生徒意識調査」の結果を踏まえたビジョントレーニングの実施

加藤恵子（前鴨川市教育委員会主任指導主事）

「子どもたちの困り感」に気づく力

　以前，私が教頭で赴任した学校で，子どもたちの授業中の様子を観察すると，以下の様子がみてとれました。
・音読の際に友達の声を聞き，後追いで読んでいる（目がキョロキョロしていて文字を追えていない）。
・文章題の意味がわからず，首をかしげて困っている。
・ノートの文字が重なっている。
・代読すると立式でき正しく計算ができる。

　そこで，担任と保護者と相談して，毎日5〜6分の眼球運動とワークシートに取り組んだところ，しばらくすると，子どもたちの態度に変化が出てきました。

　授業中姿勢が悪くモジモジしていた子どもの姿勢がよくなり，教科書と向き合って自分で文字を読もうとしていたのです（読むことが苦手だったAくんの保護者からの手紙を30〜31ページで紹介しました）。

　この子どもたちは，授業が理解できなかったのではなく，「見る力」が未熟だったのです。ですから，私たち大人が，子どもたちの困り感に敏感に気づく力をもつことは，とても大切なことです。教科指導の視点とさまざまな発達の視点をもって，子どもたちと一緒に考えることができる教師でありたいと思います。

鴨川市児童生徒意識調査の実施

　鴨川市の特別支援教育の推進に向けて，子どもたち自身が感じている課題を知ることが，実態把握の第一歩と考えました。

　特に行動面で気になる子については，巡回相談や専門家チーム会議にケースとしてあがってくることが多く，早期対応しやすいのですが，学業不振のため登校しぶり等，学習面での困難さを抱えている子どもへの理解が課題としてあげられました。

　そこで，児童生徒本人が感じている困難さを把握し，学級の特性や個の特性を理解し，授業等に生かすように各校で工夫することとしました。実施後は，特別支援教育コーディネーターを中心に学級ごとに傾向や個々の困難さについてまとめる作業を行いました。

　教育委員会は各校からの報告を受けて学校種ごとに結果をまとめ，市内の児童生徒の意識の実態を把握しました（132ページ。調査用紙は北出勝也氏の著書を参考に作成）。

　この意識調査で，子どもたちは学習や生活の中での自分の思いを素直に回答しています。「音に誘発されて気が散ってしまう子」「自分の判断が正しいのか確認しないと不安だと思っている子」「読み書きに苦手意識をもっている子」など，一人一人の子どもがどのような「苦手感」をもっているかを把握することができました。

研究を支える組織1

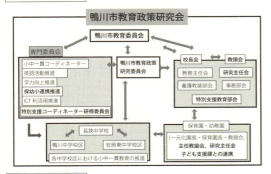

研究を支える組織2

調査結果を踏まえた支援策

　意識調査の結果を踏まえ，学校ごとに子どもや学級の特性に合った支援を行いました。
　以下に，各項目に合わせて行った支援例の概要をいくつか紹介します。

(1)アセスメント

・「本を読むときに時間がかかる理由」について——文字を音の情報に変換することに時間がかかるのか，目線を行にそって正しく速く追えないために速く読めないのか，などについて見きわめる。

・眼球の動きについて——指標を用いた眼球運動のチェックやワークシート等で跳躍性・追従性眼球運動，両眼のチームワークの状態を確認する。

・音韻処理について——音読時にまとまりで読むことができるか，文を書く際，特殊音節などの表記に誤りはないか，などを見きわめる。

・指示後観察し，人を見て行動していたら指示を個別に出して確認——言語による指示の理解がむずかしいのか，聴覚的短期記憶に弱さがあるのか，注意集中が困難なのか，などを見きわめる。

(2)環境整備および支援の工夫

・視力や聴力に応じた配慮——座席配置，音量の配慮など。

・教室の全面の掲示物を確認し，学習に必要のないものをはずす。

・1行ずつが見やすい手だてづくり——線引き・行間・フォントなどの工夫。

・書きやすい環境づくり——マスの大きさ・色・罫線の必要性と太さ，白黒反転・なぞり書きワークなど。

・集中できる時間を確認し，タイミングよく声や刺激を入れる。

(3)トレーニング

・追従性眼球運動の弱い子どもに，追視のトレーニングを行う。

・視線がたえず動いてしまう子どもには，注視のトレーニングを行う。

・眼と手の協調性を育てるために，簡単な形の模写・点つなぎ等の補助プリントを利用してトレーニングを行う。

・視空間認知の弱い子どもには，点つなぎや形の書き写し（図形模写）を行う。

・ボディイメージの弱い子には，まねっこ体操など，遊びの要素を取り入れたトレーニングを行う。

平成28年度　鴨川市児童生徒意識調査のまとめ
(小学校8校（計1415名），中学校3校（計790名)

	調査内容	回答（%）小学生	回答（%）中学生
1-①	本を読むときに，とても，時間がかかる。	25	18
1-②	音読のとき，行をとばしてしまうことがある。	20	14
1-③	同じところを何回も読んでしまう。	23	15
1-④	読んでいる場所がわからなくなることがある。	32	20
2	読むときに，頭や体を動かしながら読む。	13	7
3	近くを見るときに，頭を斜めにして見ようとしたり，見にくいので目をこすったりする。	16	10
4	黒板に書いた文字をノートなどに書き写すのに時間がかかる。	29	22
5-①	文字を書いたときに，マスからはみ出してしまう。	32	14
5-②	文字を一生懸命書いても，形が整わない。	24	15
6	筆算の計算など，ケタをそろえてノートに書き，計算することがむずかしく，書いているうちに位がずれてしまうことがある。	15	7
7	ボール運動が苦手で，投げられたボールをうまく受けとることがむずかしい。	29	18
8	ハサミを使って直線上や曲線上をうまく切ることがむずかしい。	31	16
9	作業や話を聞くときなど，集中して見ることが苦手で，すぐに視線を動かしてしまう。	26	20
10	書くことが苦手で，漢字をなかなか覚えられない。	31	20
11	ひらがなや漢字を書き間違えたり，似たような漢字を間違えたりすることがある。	42	38
12	図形の問題が苦手で，描くことが苦手な図形がある。	24	27
13	計算はできるが，文章題になると理解することがむずかしく，答えが出せないことがある。	36	53
14	文を声を出して読んだほうがわかりやすい。	24	21
15	ダンスや体操で，まねをして体を動かすことが苦手である。	19	22
16	見たものや人物，ものの形などを描くことが苦手である。	31	34
17	靴など，生活の中で左右を間違えることがある。	15	3
18	周囲の音が気になって集中できないことがある。	40	30
19	先生や友達の説明を聞いて，すぐに内容がわからないことがある。	29	30
20	友達の行動を確認してから取り組むことがある（まねをする）。	28	33
21	黒板の周りのいろいろなものが気になって集中できないことがある。	12	5
22	つい，手いたずらやおしゃべりをしたくなることがある。	36	32

保護者・地域への呼びかけ

意識調査より明らかになった実態から，日常の授業の配慮内容について検討し「どの子もわかるできる授業づくり・環境づくり」の実践に取り組みました。

個々の回答に対して配慮内容を検討するなかで，学校と家庭が連携して「見る力」を育てる必要性を感じました。教育委員会として，教職員，保護者・地域に呼びかけ，多くの大人たちが子どもたちのよき理解者，サポーターになってもらえるよう，「鴨川ビジョントレーニング講演会」を開催しました。

あわせて，見え方に不安をもっている児童生徒（担任や保護者の気づき）の相談会を実施しました。

巡回指導・ビジョントレーニング講演会の案内文（一部抜粋）

昨年度・今年度と2年間，児童生徒の意識調査を実施してまいりました。各校・各学年に共通して見え方や文章題の読解（行とばしやどこを読んでいるかわからなくなる等）に課題を感じている児童生徒の割合が高かったことはご存じのことと思います。そこで，このたび，特別支援教育の推進による早期支援の一環として，見え方に困難さのある児童生徒を対象とした巡回指導と，広く保護者・教職員の皆様に子ども理解のための視点を深めていただく講演会を下記のとおり計画いたしました。ご多用のなか大変申し訳ありませんが，各教職員への周知とあわせて，各家庭への手紙の配布をお願い申し上げます。

※その他，地方紙に講演会の開催について掲載しました。

	巡回指導	講演会
目的	見え方に困難さのある児童生徒，保護者および関係者への支援の機会とする。	視覚機能について知り，子ども理解を深める機会とする。
対象	見え方に困難さのある児童・生徒	保護者・教職員・療育関係者
日時	平成28年9月30日（金）午前10時30分から午後4時30分まで	平成28年10月1日（土）午前10時から午後12時30分まで
会場	対象の小中学校 対象児童生徒（保護者の了解を得た者）	鴨川市役所4階大会議室
内容	見え方の状況把握と生活のなかでできるトレーニング等	学ぶことが好きになる「ビジョントレーニング」 講師：視機能トレーニングセンター代表　北出勝也氏

講演会の感想（一部抜粋）〔アンケート回収率88.4％・参考になった100％〕

- 確実にトレーニングの効果があがり，それが学習効果等へもつながることを具体的に対象児の変容を見せていただけたので理解できました。
- 視覚機能トレーニングによって，子どもがつまずきから解放され自信につながることを知りました。「字が汚い」で片づけず，一人一人をよく見てあげることで，変わっていくのであれば，できるだけ早く取り組むとよいと思いました。
- 音読する際にたどたどしいわが子に，音読の練習しかないと思っていました。眼球運動の苦手さも読みに影響があることを知り，視野が広がりました。
- 困っている子のなかには，「ちゃんと見えること」を知らない子もいます。大人も子どもも多くの方が知ってくれるといいと感じました。

児童生徒意識調査の結果を踏まえた「眼の体操」の実施
──鴨川市・学校全体での取り組み①

特別支援コーディネーター研修会での中間報告より

　A小学校では、「児童生徒意識調査」の実施後、学級ごとに傾向や個々の困難さをまとめる作業を行ったところ、以下の実態が浮き彫りになりました。

> 文章を読むのに時間がかかる傾向がある／音読の際に眼球がスムーズに動いていない／文字がノートのマスからはみ出ている／解読がむずかしい／文字の大きさの調節がむずかしい／文字がまっすぐに書けずに曲がってしまう／手先が不器用で、線引きで直線が正しく引けない／ハサミで線の上を切ることがむずかしい／話していても眼が合わない／眼振がみられる／板書をノートに写すことに時間がかかる

　視覚機能の育ちが未熟であることが伺えたため、子どもたちの困難さを改善するために、学校全体で視覚機能訓練「眼の体操」を実施することとしました。

児童の実態把握
- 意識調査
- 校内視力検査・近方視力測定
- 校内特別支援教育「気になる子」の様子

教育目標
「正しく・強く・明るい子どもの育成」〜知・徳・体のバランスのとれた鴨川っ子の育成〜

視覚機能訓練の有効性
視力と視覚機能の違い・視覚機能は訓練により機能を高めることが可能

取り組みの内容
◎眼球運動「眼の体操」の内容を考え、全校や個別で継続して取り組むことができる手だてを考える。
◎3年間計画で行う。

仮説
①全校で眼球運動を継続して行えば、「眼」への関心が強まり、「見える眼」が育つだろう。
②個に応じた眼球運動を工夫して継続して行えば、「見える眼」が育つだろう。
③指導案を作成し、授業で「見える眼」について学習すれば、「見える眼」の必要性について理解することができるだろう。

眼球運動内容
◎年間の眼球運動の内容を検討する。
- 全校実施の内容
- 各学年の内容
- 資料作成

全体練習
◎1〜6学年の全クラスで朝自習に2分間眼球運動（眼の体操）を行う。
- 1学期は眼球運動（眼の体操）を全校同じ内容で行う。
- 2学期からは眼球運動に加え、ワークシートを作成し加える。

個別練習
◎1学期の全体練習から眼球の動きが少ない児童に対して、個別の練習を行う。
- 児童の実態に合わせて練習内容を行う。

授業展開
◎眼球運動の理解に向けて、授業を行う。
- 低学年
「みえるめをつくろう」
- 中学年
「見える眼を育てよう」
- 高学年
「見える眼の働きを考えよう」

低学年の指導例

時配	学習活動と内容	・指導上の留意点【評価】(方法)	資料
5	1 眼の役目について話し合う (1)眼はいくつあるか。 (2)眼はどんなことをしているか。 2 課題を確認する。 「みえるめ」をつくろう	・ボディイメージをもたせるため，眼について質問する。 ・日常生活の中で「みえるめ」とはどのように感じているかを振り返らせる。 ・「視覚チェックリスト」をもとに学校全体の傾向の中から項目を選択し，眼との関係を考えさせる。	
20	3 「みえるめ」について考える 　・よく見える。 　・よく動く。 4 眼の働きについて考える (1)チェックリストから考える 　①スラスラ読むこと 　②黒板の字をノートに書くこと 　③ボールをとること 　④線の通りにハサミで切ること 　⑤書くことや漢字を覚えること 　⑥形の問題や描くこと 　⑦文章問題を解くこと 　⑧見た物や人物を描くこと (2)働きをまとめる 　・見ること・読むこと・書くこと 　・切ること・捕ること・覚えること・考える・わかる	・項目内容を理解するために，資料として絵図と言葉の両方を用意し，理解できるようにする。 ・項目内容について眼の動きを日常の体験から考えさせる。 　①最後の文字から次の行の文字に眼が移る。 　②黒板の文字を見てからノートの書く位置を見つけて書く。 　③ボールの動きを見るが教室内のため，ボールに書いた数字を見る。 　④線を見ながらハサミを動かす。 　⑤文字の形や画数，線と線との位置関係をみる。 　⑥形全体や線と線の位置関係をみる。 　⑦数の関係を絵や図にし，操作する。 　⑧自分の体のイメージをもち，部位のつながりや動きがわかる。	項目の絵 項目の短冊 ボール ハサミ シート
5	5 「みえるめ」をつくるのに必要なことを考える 　・眼を休ませる 　・眼の体操をする	・⑥⑦⑧については，低学年は意味を理解することがむずかしいため，行わないことがある。	
15	6 眼の体操をする (1)基本の眼の体操 (2)数字カード（追従・跳躍） 7 まとめをする 「めのたいそう」をまいにちつづけよう	眼の動きを理解することができたか　(観察) 眼の体操をすることができたか　(観察)	眼の体操 シート

授業の様子・低学年

ボールに書かれた文字（数字）を見よう
　キャッチボールをして動くボールを見る練習です。ボールに文字（数字）を張り，見つけさせます。眼をこらして動くボールを見て何が書いてあるか当てさせます。大きさの異なる文字で行ったところ，小さい文字はむずかしいようでした。

字のバランスをよく見よう
　字を書くとき，正しく書くには，棒の長さやバランスをよく見る必要があることを，漢字の形を示しながら行いました。見て理解できても実際にバランスよく書くときには，「むずかしいよ」とつぶやく声が聞かれました。

朝の全校練習

毎朝2分間のビジョントレーニング
　朝の会の中では，肩回しと一緒に2分間，視覚機能訓練を行っています。
　自分の指を見たりそらしたりして眼球運動を行った後，カードを使って「文字読み」「数字読み」を行います。
　子ども自身が自分の見え方の実態を把握して，「速く読めた」「速くできた」と見る力の成長を喜ぶ姿が見られ，読むことに自信をもつようになってきています。
　数字の跳躍運動はマスがあるため読みやすく，「見よう」とする姿勢が顕著に現れました。
　ひらがな読みでは，自分の眼をコントロールし，50音順に早く見つけてタッチします。タイムを計るので，自分の成長がすぐにわかります。

数字読み（縦・横）検査で個々の特性を把握
——鴨川市・学校全体での取り組み②

特別支援コーディネーター研修会での中間報告より

1学期の取り組みから

B小学校でも，「鴨川市児童生徒意識調査」の結果を踏まえ，1学期に「眼の体操」を約2カ月取り組んだところ，「眼の動き」を意識する子どもが出てきました。取り組みにより，眼の動きがスムーズになっている子，もう少し眼の体操を行ったほうがよい子などさまざまでした。

4月には近見視力を測定。2学期には，眼球運動の実態把握を実施し，それに応じたトレーニング内容を組むこととしました。

トレーニング内容は学年ごとに決め，各教室で取り組みました。運動会までは各学級で眼の体操のCDを使って行えるときに実施し，運動会後は短時間で行えるトレーニングシートを用意し，各学級で2校時終了後に取り組むこととしました。

●トレーニング例

・眼球運動のトレーニング——文字プリントの両端を交互に読む。特定の文字に○をつける。眼のジャンプ。ランダム読みなど。
・追従性眼球運動のトレーニング——線めいろ・線なぞり，お手玉タッチ　など
・視空間認知トレーニング——点つなぎ，順番を覚える　など
・ボディイメージのトレーニング——両手でグルグル　など

実態把握の検査（数字読み）

ビジョントレーニング3カ月実施後，実態把握のために「数字読み検査」（数字カードを読み終えるタイムを測定）を実施しました。前回の記録と比較して子どもたち自身に「見る力」の伸びを知らせました。

縦読みと横読みを測定することで個々の特性を知ることができます。縦書きの読みが苦手な子，横書きの読みが苦手な子がわかるので，「眼の体操」の際，個別にアプローチすることができます。

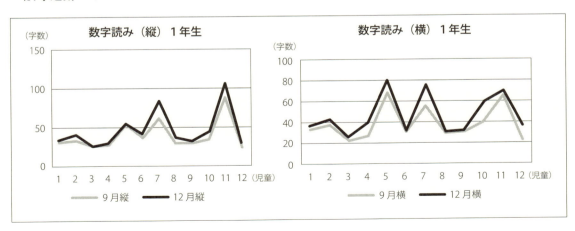

Stage 1　特別支援学校

特別支援学校での視覚機能に関する「教育相談」とは
——相談内容を吟味し，個々の課題に即した支援を提供

武田貴行（兵庫県立和田山特別支援学校主幹教諭）

相談のきっかけ

特別支援学校では，地域の幼・小・中・高校等に通う幼児・児童・生徒や保護者・先生方に対して，学習や行動等についての相談に応じています。本校では私たちが学校等に伺う訪問（巡回）相談と，本人や保護者，先生等に来校いただく来校相談があります。

本校への来校相談のきっかけの多くは二つに分けられます。一つは，病院受診や各市の就学相談の際に行われるWISC等の検査で，動作性や視覚的なとらえに弱さがみられたときに，担当医師や心理士から本校を紹介される場合（病院や市への相談のきっかけは多動性等行動面のことが多い）です。

二つめは，小・中学校等の先生や保護者から，「ひらがなが書けない」「文字を間違える」「漢字が覚えられない」等の理由で相談を依頼される場合です。

来校される多くは本人と保護者ですが，先生や市の保健師さんも一緒に来られる場合は，フォローも深まるのでありがたいです。

相談手順とアセスメント

相談の手順は，①本人や保護者，先生より状況や困り感の聞き取り，②視覚機能の観察，観察結果の振り返り（視覚機能の説明，対象児の状況，トレーニングの助言）です。

②の視覚機能の観察では，状況をみながら，以下の中から選択して観察しています。
(1)幼児のアセスメント

テーブル上でのボール転がし／近見視力／眼球運動（指標またはライト使用）／（追視，注視，寄り眼，2点間）／枠にそっての円，ジグザグ線引き／簡単な図形視写／交差線追視[※1]／「ジオボード」／9ドット点むすび
(2)児童・生徒の場合のアセスメント

眼球運動（指標かライト使用）／読みの検査「DEM」／近見，遠見視力／簡単な図形視写／点つなぎ／「ジオボード」／「タングラム」／国語・社会（1，2年生は算数）の教科書の音読／国語・算数のノートの書字／小学校4年生以上で，簡単な図形視写で弱さが少ない場合は，「Rey複雑図形」

眼球運動で使うライトは100円均一ショップで売っている「白色LEDキーライト」がおすすめです。横から見るとまぶしくなく，ピンポイントで光が見えます。

課題に即したビジョントレーニング

観察の結果より上記の中から1〜数種類選び，トレーニングとしておすすめしています。
●眼球運動に弱さが感じられた子の場合

眼球運動，「マスコピー」，文字読み（『ビジョントレーニング』75ページをA4〜A3サイズにコピー。横・縦各全文字読み，横・縦各両端の文字読み，両斜め各3往復読み），文字カードタッチ（ひらがな，数字，

英字），ブロックストリング，幼児教材の線引き・迷路・数字結び（透明のクリアファイルにはさみ，ホワイトボードマーカーで書くと繰り返し使用可能），オセロ，ボール遊び，ラケットでのピンポン玉連続打ち上げ，パソコン・タブレットなど。

●**視覚認知に弱さが感じられた子の場合**

「ジオボード」，点つなぎ，「タングラム」（ボール紙で作ったもの），各種パズル，パソコン・タブレットなど。

●**両方に弱さが感じられた子の場合**

その子の状態や可能な時間，可能な場所（学校，家庭など）に応じて，上記を組み合わせて2〜5種類行います。家庭なら，登校前や宿題前，入浴前など時間を決めて，学校なら遊びの時間は大切にして，ほかの子どもたちの理解が得られ体制がとれるなら，掃除の時間の一部に行うことをおすすめします。

基本は毎日，体調や都合でむずかしいときには無理をしないことを基本にします。時間がとれないときは，幼児〜低学年なら「お風呂で追視だけでも」，高学年以上なら本人に自分で行うことをすすめています。お互い義務感で行うのではなく，楽しい雰囲気や言葉かけのなかで行うようにお願いしています。そのほか，以下のことも伝えています。

●**読みの弱さで，音韻意識に弱さがある子**——音韻分解や抽出，単語の逆唱など。

●**逐次読みの子**——教科書やプリントの文章の助詞や単語に黄色のマーカーで線をひくなど。

●**文字−音変換に弱さがある子**——フラッシュカードで単語の即時読みなど。

●**ひらがなが書きにくい子**——「ジオボード」や点つなぎでの線や形の把握など。

●**漢字が書きにくい，覚えにくい子**——ホワイトボードに大きく書く。読みや意味，書き方を唱えた後，書き方を唱えながら書くなど。

●**粗大・微細運動等，器用さや全体的な情報の処理に弱さが感じられる子**——感覚統合を意識した遊びや運動，生活上の配慮など。

学級でビジョントレーニングを！

「始めたけどすぐにやめた」「なかなか続けられない」ということもあります。いっぽうで，続けた結果，「読み書きの向上のほか授業中の姿勢や落ち着きもよくなった」「集中して取り組めるようになった」「積極的になった」という話もよく伺います。

最近は，学級全体で取り組んでくださるケースも出てきています。内容は指標を使った眼球運動，全文字読み・端文字読み，文字カードタッチ，「マスコピー」，「タングラム」などです。ある先生に学校での個別の対応をお願いしたところ，「一人に行うのもみんなで行うのも同じ。みんなで行ったほうがその子の特別さが目立たない」と言い，学級の取り組みとして取り入れてくださいました。

「学校として取り組みたい」と研修の依頼もいただきます。視覚機能が大きく向上するべき幼児期の遊びや生活の現状から考えると，潜在的に視覚機能に弱さを抱える子は多いと思われます。学級全体での取り組みが広がり，助かる子が増えることを願っています。

※北出勝也（2009）『ビジョントレーニング』
p 53，図書文化
北出勝也（2012）『ビジョントレーニング2』
p 52 − 53，図書文化

ビジョントレーニングを取り入れた運動遊びとその効果

松岡哲雄（一般社団法人 子どもの発達を促す運動遊び協会代表理事）

吉村奈央未（喜連幼稚園）

トレーニングと効果測定の概要

「スキャモンの発育発達曲線」（下図参照）によると，脳神経や視覚機能は6歳までに90％近く発達するとされています。幼児期に視覚機能に焦点を当てた運動をすることで，より発達の効果が期待できます。

眼球運動，視空間認知，眼と体のチームワークの3点から構成されるビジョントレーニングを取り入れた運動遊びには，視覚の入力機能と認知機能を高める効果もあり，生活面のつまずきが解消されることも期待できると考え，生涯の健康の基礎となる幼児期に実施しました。

調査対象はA幼稚園年長クラスの9名で，保護者には文章と口頭で研究の主旨を説明し，同意を得ました。

実施時期は，2016年1月〜2016年2月（全5回），レッスン時間は1回45分です。

対象幼児に，レッスン開始前と終了時に跳躍性テストと追従性テスト（図参照）を実施し，合計の平均を毎回記録しました。

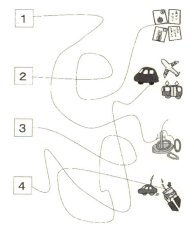

跳躍性テスト

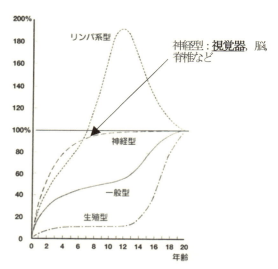

スキャモンの発育・発達曲線
（Scammon.R.E.1930 一部松岡改変）

追従性テスト

視覚機能チェックアンケート

	チェック	項目		チェック	項目
見る		本を読むとき，眼を細める。	書く		ひらがなの書き間違いが多い。
		本やノートを見るとき，眼との距離が近すぎる。			うまくかけない絵がある。または，お絵かきでかいたものが，周りに伝わらない。
		近くを見るとき，横眼で見たりする。			鏡文字をよく書く。
		遠くを見るとき，眼を細める。	見たものに合わせて動く		ハサミで切る，ボタンをとめる，ひもを結ぶといった手を使った作業が苦手。
		制作などの作業に集中できない。			ボールを投げたり，キャッチしたりするのが苦手。
		すぐに眼が疲れる。			ダンスなどを見て覚えたり，まねたりするのが苦手。
		探しものがうまく見つけられない。			鍵盤ハーモニカなどで，鍵盤の位置をよく間違う。
		近くを見るとき，横眼で見たり片眼で見たりする。			右と左をよく間違う。
読む		文字の読み間違いが多い。			家具や歩いている人にぶつかったり，つまずいたりする。
		読みとばしや，読んでいるところがわからなくなる。			

　対象幼児の保護者には，1回目のレッスン開始前と5回目のレッスン終了後に，上記の「視覚機能チェックアンケート」を実施しました。

　このアンケートは，北出（2015）を参考に「見る・読む・書く・見たものに合わせて動く」の4項目の内容でアンケート用紙を作成し，実施したものです。

レッスン内容の手順

レッスン内容（1回45分）

(1) ウォーミングアップ（眼球体操）
(2) リズム体操
(3) 動物模倣
(4) 眼球運動・視空間認知・眼と体のチームワークの内容を取り入れた運動遊び

　レッスン内容について，二つ補足します。

　(2)の「リズム体操」は，人の動きを把握して，同じように体を動かしたりすることで，視空間認知と眼と体のチームワークを高める効果を期待して行ったものです。

　(3)の「動物模倣」は，いろいろな動物の動きを模倣するものです。これにより，体のどこを動かせばその動物の動きになるのか，ボディイメージを高めることができ，視空間認知と眼と体のチームワークの能力を高める効果を期待して行いました。

レッスン内容の実際

　次に，眼球運動・視空間認知・眼と体のチームワークのトレーニングを取り入れた運動遊びの実践例を四つ紹介します。

(1)「色跳び」(片足踏切,両足踏切)

やり方

床に青・赤・黄などの色つき円形シートを置き,指導者のあげた色をとらえ(眼球運動)認識して(視空間認知)その情報をもとに,それ以外の色のシートの上を跳んでいく(眼と体のチームワーク)ゲームです。指導者がたたくタンバリンなどのリズムに合わせて,園児はできるだけ止まらずに動きながら,踏んではいけない色を判断して跳んでいきます。最初はゆっくりのリズムで行い,慣れてきたら,速いリズムで行います(両足踏み切りでも行いましょう)。

留意点

子どもたちは,指導者があげている色はわかっていても,最初は間違って踏んでしまう場合が多いと思います。これは,視空間認知されても,眼と体のチームワークができていないためです。

しかし,何度も繰り返すうちに視覚情報と体の動きが連動してできるようになります。できなくても注意するのではなく,楽しみながら何回もやりたくなる雰囲気づくりや,スモールステップでの成功体験が必要になります。

(2)「信号機」

やり方

指導者のあげた色をとらえ(眼球運動)認識して(視空間認知),その情報をもとにマットの周りを止まったり,歩いたり,走ったりと体を動かすものです(眼と体のチームワーク)。多くの園児と一緒に行うので,互いにぶつからないように走りながら,指導者のあげた色を認識します。

青(走る)・赤(止まる)・黄色(歩く)。慣れてきたら,赤(走る)・青(歩く)・黄色(止まる)と変えて行います。

留意点

・最初に「いま何色ですか?」と言って赤を出し,子どもが止まった状態をつくって始めるとスムーズです。

・ゲーム前に子どもが行いそうなことで,けがにつながることはしないよう,ルールを明確にします。このゲームの場合は,①反対に走らない——衝突防止のため,走る方向を決める(ふざけて反対に走り出す子どもがいるので注意)。②友達を押さない——前を走る子どもを後ろから押さない。

(3)「番号カルタ」

やり方

子どもはスタート位置で後ろ向きに立ちます。指導者の笛の合図で前を向き、指導者が手に掲示した数字を見て、床に置かれた数字を探して足で踏み、ゴールします。

眼を動かして数字を探す（眼球運動）、数字を見分ける、数字の置かれている場所を把握する（視空間認知）、体を正確に動かす（眼と体のチームワーク）が必要になってきます。慣れてきたら、数字を少しずつ増やして行いましょう。

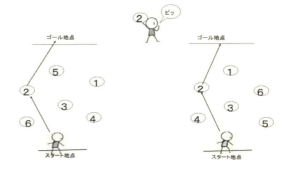

(4)「数字迷路」

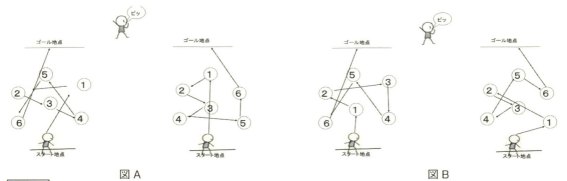

図A　　　　　　　　　　　　　　　　図B

やり方

子どもはスタート位置で後ろ向きに立ちます。指導者の笛の合図で前を向き、床に置かれた1から6までの数字カードを順番に足で踏み、ゴールするというものです。

慣れてきたら数字を増やしましょう。大きい数字から逆にスタートするのもいいでしょう。

「番号カルタ」と同様、眼を動かして数字を探す（眼球運動）、数字を見分ける、数字の置かれている場所を把握する（視空間認知）、正確に体を動かす（眼と体のチームワーク）が必要になります。

留意点

数字カードの置き場所を変えないと、子どもたちは数字でなく、前の子どもの動きをまねて動くようになるので、面倒でも数字カードの位置を移動させましょう。

すべての位置を変えるのは大変なので、最初に探す1の場所をほかの数字と変えるだけでも、子どもの動線は大きく変わります。

図Bは、図Aより左は1と3、右は1と5の数字カードを交換した例です。数字カードの場所を二つ変えるだけでも子どもの動線が変わるのが、この図で理解いただけると思います。

効果測定は統計的に有意な結果に

(1) 跳躍性・追従性テストともに高結果

対象幼児に、トレーニングの前後に跳躍性テストと追従性テストを実施し、合計の平均を毎回記録しました。「Shapiro-Wilk 検定」で正規性を確認し、1回目と5回目の平均の差が統計的に有意かを確かめるために両側検定のt検定を行いました。これは二つの実験結果の「平均値の差」に対して、違いが偶然か本質的なものか（有意水準5％または1％で差があるか）判定を下すことができます。跳躍性テスト、追従性テストともに、1回目より5回目のほうが有意に高いことが認められました（表1・2）。両テストともに2回目より数値が上がる子どももみられ、跳躍性テストより追従性テストのほうが、早く数値が上がる子どもが多数いました。

表1　跳躍性テスト結果

	N	平均	標準偏差	t
1回目	9	5.39	2.97	−3.24
5回目	9	7.67	2.6	

$* p < .05$

表2　追従性テスト結果

	N	平均	標準偏差	t
1回目	9	2.11	0.65	−8.94
5回目	9	3.78	0.67	

$** p < .01$

(2) 「視覚機能チェックアンケート」結果

「視覚チェックアンケート」で改善率が高かった三つの項目についてみていきます。

「製作などの作業に集中できるようになった」——保育士養成校の学生にビジョントレーニングを行った際「授業に集中できる」などの感想も多くあり、学生の改善率が高かったことからも、年齢にかかわらず、集中力を高める効果が期待できると考えます。

「読みとばしや読んでいるところがわからなくなることが減った」——眼球運動能力を高めることの有効性が示唆されます。

「鏡文字を書くことが減った」——視空間認知機能や、眼と体のチームワークの未熟さが改善された可能性があります。

運動遊びでつまづき解消

運動機能の発達は、全身を動かす粗大運動ができるようになり、手や指先を動かす微細運動へと発達していきます。

手先が器用に使えないのも粗大運動が未発達のために起こることからも、眼球運動や視空間認知、眼と体のチームワークの粗大運動の遊び（ビジョントレーニングを取り入れた運動遊び）の効果が、微細運動のつまずきの解消につながった可能性があります。

跳躍性・追従性テストは、1回目より5回目のほうが有意に高いことが認められましたが、視覚機能チェックアンケートではあまり改善されないものも多くありました。次回は、実施回数を増やし、つまずきが解消されるかを検証したいと思います。

※本原稿は、2016年、「日本幼児体育学会第12回大会」で学会発表をしたものを再構成したものです。

【参考文献】
北出勝也（2015）『発達の気になる子の学習・運動が楽しくなるビジョントレーニング』ナツメ社
北出勝也（2009）『学ぶことが大好きになるビジョントレーニング』図書文化
内藤貴雄（2015）『ビジョントレーニングで能力アップ』法研
松岡哲雄（2016）『保育者養成校の学生におけるビジョントレーニングの効果について』

Stage 1 全校／サポート校 第4章 ▶ 教育現場での実践例

通信制高校サポート校の取り組み
――2カ月のソフト活用トレーニングで，8割の生徒の読み速度がアップ！

佐上公子（東京共育学園高等部養護教諭）

学習・行動にプラスの効果を図る

　本校は通信制高校のサポート校です。生徒たちの多くが，読むこと，板書の書き写し，運動，落ち着きや集中力のなさ，身のこなしのぎこちなさなど，さまざまな「苦手感」をもっています。「視覚機能を鍛えることで，学習面や行動面にプラスの効果をもたらすことができる」という北出勝也先生の学会発表などを参考に，本校でもビジョントレーニングを取り入れました。

　まずスクリーニングテストとして，1年生全員を対象に，①視覚機能チェックリスト，②模写テスト，③線を眼でたどるテスト（北出勝也『ビジョントレーニング』図書文化）の3種を実施し，視覚機能チェックリストでチェックの付いた項目が多い生徒と，テスト結果が不良だった生徒を抽出しました。

　さらにその計21人を対象として，「ランダムに並んだ数字を縦・横に読み，かかった時間の計測」「眼球運動について，寄り眼と眼球の動きの滑らかさについての検査」を実施しました。

読み速度，8割の生徒がアップ！

　トレーニングは，教育ソフト『ビジョントレーニングⅡ』（監修：北出勝也，高濱正伸　販売：レデックス㈱）を利用し，タブレットを使って2カ月間実施しました。結果や変化がすぐに確認できること，シンプルでわかりやすく気軽に続けやすいことから，21人中19人が毎日継続することができました。

　2カ月後に再び「数字ランダム読み　縦・横」のタイムを計り，トレーニング前後の読みの速度を比べました。すると，縦読みは85.7％の生徒が，横読みは81.0％の生徒が，速く読めるようになっていました。縦読みと横読みに大きな差異があった生徒（表の1，9，12，17）は，苦手だった読みのほうが改善されるという驚きの結果が出ました。いっぽう「眼球運動の滑らかさ」等の動きについての比較検証はむずかしかったので，今後は映像に残すなどの工夫をしたいと思います。

　ビジョントレーニングを楽しく日常化して続けていくために，教員自身が理論やメカニズムについての理解を深め，生徒自らが「トレーニングをしていきたい」と思える心理教育の大切さを感じています。

	縦読み			横読み		
	事前	事後	差異	事前	事後	差異
1	31.68	24.26	-7.42	24.34	24.56	0.22
2	32.39	25.87	-6.52	28.05	26.22	-1.83
3	22.8	22.08	-0.72	22.72	18.63	-4.09
4	15.75	14.2	-1.55	14.46	12.38	-2.08
5	22.94	22.68	-0.26	24.81	17.83	-6.98
6	14.5	14.3	-0.2	12.88	11.7	-1.18
7	19.82	17.61	-2.21	16.67	15.24	-1.43
8	21.86	19.8	-2.06	20.6	19.24	-1.36
9	28.52	22.6	-5.92	19.91	20.02	0.11
10	18.56	16.88	-1.68	19.3	15.56	-3.74
11	16.59	14.63	-1.96	16.08	12.75	-3.33
12	36.15	24.56	-11.59	25.07	23.3	-1.77
13	21.18	22.8	1.62	20.24	21.58	1.34
14	34.9	28.06	-6.84	34.14	25.46	-8.68
15	26.43	25.76	-0.67	21.34	19.09	-2.25
16	24.45	24.54	0.09	22.67	23.32	0.65
17	22.3	22.45	0.15	28.06	21.38	-6.68
18	28.82	26.72	-2.1	25.26	22.76	-2.5
19	31.73	30.43	-1.3	31.6	33.27	1.67
20	27.11	22.59	-4.52	27.51	23.97	-3.54
21	22.74	20.95	-1.79	23.31	18.49	-4.82
Ave.	24.82	22.08	-2.74	22.81	20.32	-2.49

実践例

長期休みの課題にビジョントレーニングを

　ビジョントレーニングは，継続して行うことで効果が表れます。長期休みの期間も，なるべく続けることが大切です。ここでは，長期休みにビジョントレーニングを宿題に出している小宮圭子先生（前横須賀市立根岸小学校養護教諭）の実践をご紹介します。

夏休みはワークシート中心にしたトレーニング（2016年度）

　夏休み・冬休みといった長期休みには，担任・学年の教師と相談のうえ，学年に応じて，ビジョントレーニングのカリキュラムを組み，プリントを作成・配布しています。2016年の夏休みの宿題は，おもにワークシートの課題を中心にしました。

　1年生は運筆の練習をかね，「線なぞり」や丸や斜め線を書くことで手と眼の協応を高めるトレーニングを選択しました。3年生は，2年生時の冬休みの課題で苦手な子どもが多かった「点つなぎ」のトレーニングを集中的に行い，6年生は，5年生時に視写が苦手だったことを受け，ひらがなの視写の課題をプラスしました。

学年	夏休みの課題
1	主目的：手と眼の協応を高める 線なぞり
2	主目的：眼球運動，手と眼の協応を高める 線なぞり，線めいろ，数字探し，間違い探し，眼のジャンプ，両手でグルグル，指体操，文字探し，じゃんけん体操
3	主目的：苦手な課題に集中して取り組む 点つなぎ……簡単なものから，徐々に複雑なものへ
4	主目的：眼球運動＋点つなぎのワーク ビジョントレーニング体操，線めいろ，数字探し，点つなぎ，じゃんけん体操，数字ランダム読み
5	主目的：眼球運動＋ボディイメージ ビジョントレーニング体操，ランダム読み，数字探し，方向体操，ブロックストリング，ランダム漢字読み
6	主目的：5年生の内容＋苦手な視写の課題 ビジョントレーニング体操，ランダム読み，数字探し，じゃんけん体操，ブロックストリング，視写

冬休みのトレーニングは「家のお手伝い」(2016年度)

　冬休みの宿題は眼球運動とあわせて「家のお手伝い」にしました。生活にかかわるさまざまな作業は眼と体を使うことを意識し，視覚機能の大切さを実感することがねらいです。プリントにポイントを絵や写真を使用して説明しました。

(1) **洗濯物をたたむ**──しわをのばしながら，手と眼を使ってきれいにたためるように練習します。
(2) **テーブル拭き**──学校での掃除の際，雑巾がぎゅっと絞れない子どもたちが多いことを受け，食事の前にテーブルを台ふきんで拭くことを宿題にしました。
(3) **皿に料理を盛りつける**──食事をおいしくいただくには料理の盛りつけも大切です。料理がおいしそうに見えるにはどうしたらいいのか，彩りを考えながら眼と手を使って盛りつけます。
(4) **玄関の靴をそろえる**──つま先が玄関の入り口に向くよう靴を揃えます。
(5) **昔ながらのお正月の遊びをしよう**──かるた・百人一首，こま・お手玉・けん玉，トランプ（7並べ，神経衰弱，スピードなど）といった昔ながらの遊びは，眼と手を使うビジョントレーニングの宝庫です。

長期休み明けのフィードバック

　長期休み明け，提出されたシートには担任と一緒に私も目を通します。例えば，「点つなぎ」では，視空間認知に課題がある子どもを見つけることができます。課題が見つかった場合，パズルなどを積極的に行うと改善する旨を話し，教室や家庭で取り組んでもらうよう声かけしています。その他の課題も，間違えている書き込みをチェックし，朝学習の時間などに間違い直しを行うようにしています。

　また，「家のお手伝い」の宿題には，子どもと保護者の感想を書く欄を設けました。「洗濯物が上手にたためるようになった」「日常的に靴を揃えるようになった」など，保護者からは好評でした。また，「子どもと一緒に行いましたが，眼を動かすとすっきりします」という声もいただきました。

　長期休みは，教師の目が届かないのでいい加減になりがちですが，保護者の理解が得られると，きちんと行うことができます。

Stage 2 気になる子どもの支援／小学校

課題のある子もない子も一緒に

浜田 啓久（南あわじ市立八木小学校教諭）

課題のある子もない子も一緒に「眼球運動のトレーニング」

「学級に視覚機能の弱さがある児童がいる場合，個別にトレーニングを行うよりも学級全体で楽しく取り組むほうがよい」と，平見幸子氏（当時，あわじ特別支援学校勤務）に教えていただきました。

そこで視覚機能に課題がみられる児童のいる一部の学級では，次のトレーニングを行いました。

(1)眼球運動のトレーニング（5種）

①跳躍性眼球運動のトレーニング

肩幅に腕を開き，顔の前で両手の親指を立て，顔を固定したまま左右交互に眼を動かします。これを20回繰り返します。次に，上下に親指をかまえ，同様に眼を動かします。斜めも同様に行います。

②追従性眼球運動のトレーニング

片方の親指を立て，指先を見つめながら，眼の前で10秒かけて円を描きます。右回り左回り1周ずつ。

③両眼のチームワークのトレーニング

片方の人差し指を立て，遠くから鼻先に近づけていきます。同時に指先を両眼で追い，寄り眼にします。次に，指を鼻先から遠ざけていき，それを眼で追い，離し眼にします。これを10回繰り返します。

④跳躍性・追従性眼球運動のトレーニング

黒板にランダムに数字を書いておきます。顔を固定して，教師の言った数字をすばやく探します。次に，数字の順にゆっくりと眼を動かします。

⑤実際の読みに近い形でのトレーニング

黒板に縦横に数列ずつ，数字を並べて書き，子どもたちに，次のように読むよう指示します。①横に読む，②一つ飛ばして横に読む，③縦に読む，④二つ飛ばして縦に読む。

(2) 全体で取り組む際の留意点

学級で取り組むと，得意・不得意がある程度，明らかになってしまいます。そこで，「眼の動きは筋力トレーニングと同じで，得意・不得意がある」という旨を事前に教師がしっかり子どもたちに伝え，「みんなで鍛えて伸ばそう」という雰囲気のなか，学級全体で前向きに取り組むことができました。

筋肉と同様に鍛えればはっきりと効果が出るので，年間を通して差別的な発言が出ることはありませんでした。

課題のある子もない子も一緒に「遊びながらトレーニング」

視覚機能に課題のある子も課題のない子も一緒に，トレーニングと意識することなく「自然と力をつけるためのシステムづくり」をすることも教師の大切な役目です。以下，取り組みの一部を紹介します。

(1)「遊びながらトレーニング」の例

①学級に「昔の遊び道具」を常備

北出氏が言うように，けん玉，お手玉，おはじきなど「昔遊び」には，視覚機能を高めるものが多くあります。

勤務校のなかにも，けん玉やおはじきなどの道具を学級の中に置き，子どもたちが休み時間に自由に使えるようにするなど，遊びを通して視覚機能を高めている教員もいます。

②学級文庫にこっそり教材

学級文庫に，視覚機能のトレーニング教材を置いている学級もあります。子どもたちには教材だとは伝えず，ほかの本と並べておくことで，日常の中で自然にトレーニングを行うことができます（教材例：迷路の本類，隠れているものを探す絵本『ミッケ』シリーズ〔作：ウォルターウィック／訳：糸井重里／小学館〕など）。このほか，視覚認知にかかわるワーキングメモリーだけでなく，ワーキングメモリー全体をバランスよく高める教材を置いている学級もあります（教材例：『アタマげんき　どこどこ』監修：吉川武彦／騒人社）。教材は大人気で，いつもだれかが手にしている状態です。

③業間休みのサーキットトレーニングで

業間休みのサーキットトレーニングの中に，「まねっこ体操」や大きく「8」の字をかくように線の上を走る「8の字旋回」など視覚機能にかかわるプログラムを一部取り入れている教員もいます。

④トイレに早口言葉

視覚性語彙を増やせる遊びとして，MIM教材にある早口言葉シートを校内のトイレのあちこちに掲示しています。

言葉シートは，覚えるのではなく，眼で追って読ませることが大切です。

(2) 子どもも教職員も一緒に

このようにして，学校の日常の中で自然にトレーニングを行える環境整備等により，視覚機能に課題のある子どももない子どもも，そして教職員も一緒に，日常的にビジョントレーニングを行っています。

「困り感」に寄り添う環境整備
――個々の子どもの状態の見きわめと適切な支援を

浜田啓久（南あわじ市立八木小学校教諭）

視覚情報の提示の工夫

勤務校の各学級で，「眼からと耳から，どちらの情報が記憶に残っているか」という調査を行うと，どの学級でも圧倒的に眼からの情報が記憶に残るという結果になりました。そこで勤務校では，授業づくりの観点の一つに，「視覚情報の提示が効果的だったか」という項目を入れています。

眼からの情報のほうが多くの子どもたちの記憶に残りやすいといっても，強調したい語句・発問・写真等の資料をやみくもに視覚情報として提示すればいいわけではありません。黒板が雑然としていたり，教科書を投影したりするだけの提示方法では，視覚機能に課題のある子どもは，かえって見えにくい場合があります。

視覚機能に課題のある子どもの存在を知ったうえで，教材を視覚化する配慮が必要になります。

本校では，以下のような視覚情報の提示の工夫をしています。

> (1) **情報の焦点化**――囲む，区切る，色を塗る。
> (2) **情報を限定化**――不必要なものは消す。ほかが見えないように隠す。
> (3) **作業を通して情報を見やすくする**――子ども本人が，囲む，区切る，色を塗る，不用なものを隠すなどの作業を行う。

視覚情報の提示方法だけでも何とおりでも工夫ができます。

つまり，視覚機能に課題を抱える子どもの存在に気がつくことが，同時に，より効果的な情報提示の方法を工夫することにつながっていくのです。

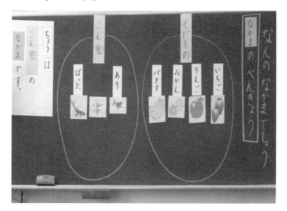

以下，勤務校の職員が視覚機能の知見を生かすことができた指導の事例を五つほど紹介します。

視覚機能の知見を生かした事例

(1) 3ケタかけ算で混乱するAさん（4年生）

当時のAさんは眼球運動がきわめて苦手で，3ケタ×3ケタのかけ算では，筆算の途中でパニックになっていました。眼球がスムーズに動かせないのか，ワーキングメモリーの問題であると予想がつきました。

そこで，1ケタずつ筆算の横に計算させて写させることにしました。これだけで，3ケ

タ×3ケタの計算ができ，自信をもつことができたのです。保護者や学習塾などには，割り算の筆算などさまざまな学習場面で，複雑なものを見やすくする支援を理解してもらいました。

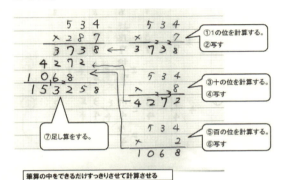

(2) **三角定規が使えないBさん（4年生）**

Bさんは眼球運動がスムーズに行えませんでした。三角定規を使って平行や垂直をかく作業，つまり，定規の辺と直線を合わせることができなかったのです。

そこで，三角定規の3辺にマジックで色を付けました。これだけで，直線と三角定規の辺を合わせることができました。

トレーニング等により，現在は眼球運動もスムーズになりました。また，以前は漢字を書くのが苦手で，書けば書くほど違う字になっていましたが，その傾向もすっかりなくなりました。

(3) **学習意欲が低下するCくん（5年生）**

Cくんは，教科書を開き，たくさんの字を見た段階で，学習に意欲を示すことができなくなっていました。

学習で必要な部分をあらかじめマーカー線を引いておくなど，覚えるべき言葉をはっきりさせる支援をしたところ，大事なキーワードで眼が止まるようになるなど，落ち着いて学習に参加することができるようになってきました。

また，国語科の音読では，1行ずつだけ読めるように限定する見せ方をすることで，音読に集中できる時間が伸びました。

(4) **黒板を写すのが遅いDくん（1年生）**

黒板を写すのが遅かったDくんに対しては，始業前に，板書で書く内容をノートにあらかじめ色鉛筆で書いておき，それをなぞらせる指導を行いました。

時間はかかりましたが，少しずつ写すスピードも増し，授業に参加できる場面が増えていきました。

(5) **音読がむずかしいEくん（5年生）**

Dくんは視覚機能に加えて音韻の問題を抱え，文章を読んだり書いたりするのがきわめて困難な状態でした。

指を置いたり，青色のシートで見える部分を限定したりして，見えやすくなる方法を探っています。事前に文節などを本人に区切らせたり，区切ったものを与えたりすると，音読が楽に感じると言っています。

日常の指導場面で見せ方の工夫を

以上のように，視覚機能に課題がみられる子どもに対して，日常的な指導場面で，見え方・見せ方に着目して指導方法を改善・工夫することができました。

職員室でも見え方・見せ方に関する話題が多く出るようになっています。

また，保護者に協力をお願いするなかで，保護者自身も子どもの困り感に気がつくよい機会になったようです。

Stage 2 気になる子どもの支援／小学校

保健室でのビジョントレーニング
―― 子どもたちが元気アップして教室に戻るために

小宮圭子（前横須賀市立根岸小学校養護教諭）

■ ビジョントレーニングでリフレッシュ！

保健室には，来室時に子どもたちがビジョントレーニングを行えるよう，お手玉，おはじき，けん玉，パズル，トランポリン，数字探しのトレーニングシートといった，グッズを常備しています。

視覚機能に課題のある子どもを，毎朝保健室に健康カードを届ける係にして，数分間グッズでトレーニングさせてから教室に戻らせることもしています。

また，保健室には，「落ち着かないので，少しの間行っておいで」と担任から指示された子どもたちも来室します。

子どもたちが「保健室に遊びに行く」という感覚であれば，「勉強するより楽しいからずっと保健室にいたい」と思ってしまうでしょう。しかし，「保健室は，落ち着いて学習するため，気分転換するために，一時的に行く場所」という意図が担任から子どもたちにしっかり伝わっているので，上記のグッズなどを使い，リフレッシュしてから教室に戻っています。

ここでは，保健室で行っているビジョントレーニングを数例紹介します（参考：北出勝也『ビジョントレーニング』図書文化）。

お手玉タッチ

天井からつるしたお手玉に，左右の手でタッチします。交互にタッチ，リズムにのってタッチするほか，ジャンプしてタッチするなど，バリエーションはいろいろあります。

ひもを付けたお手玉を教師が持ち，右手・左手・右ひざ・左ひざなど，体のいろいろな部位でタッチさせる方法や，逆に動いているお手玉をよける方法もあります。

これは，追従性眼球運動と眼と体のチームワークのトレーニングです。球技が苦手な子どもなどにおすすめです。

文字探し

跳躍性眼球運動のトレーニングです。壁に張られた数字シート（数字がランダムに並んでいるシート）を見て，数字の小さい数から「1，2，3……」と探して，順にタッチします。逆順にタッチしたり，特定の数字を探すなどの方法もあります。数字以外にも，ひらがなを50音順に，英字をＡＢＣ順に，という方法もあります。

トランポリン

子どもたちに人気があって，大きな効果があるトランポリン（77ページ参照）。

正しい姿勢がとれない子どもは眼の動きがよくないことが多いのですが，トランポリンを跳ぶと平衡感覚がよくなり，眼の動きも改善されるといわれます。

単に飛ぶだけでなく，飛びながら九九を数える，しりとりをするといった方法もあります。ただし，二つのことを同時に行うと混乱する子どももいるので，様子を見て行わせています。また，子どもの手を持って補助し，「合図で大きく飛んで」と言って大きく飛ばせると刺激が入るので，ただ跳んでいるより効果があります。

バランス感覚が悪い子はトランポリンから落ちてしまうこともあります。けがを予防するために，教員がそばで安全に注意をはらう必要があります。

該当の児童を「健康観察カード」を毎朝保健室に届ける係にして，保健室でトランポリンを飛ばせてから教室に戻るようにしたケースもあります。

「保健だより」で視覚機能について紹介

「保健だより」では，見る働きの解説から，ビジョントレーニングによって見る働きが高まり，勉強・運動・生活の力がアップするといった効果やさまざまなトレーニング方法を紹介しています。

「遠くは見えても近くは見えにくいことがある」という情報を掲載すると，近見視力で受診の勧告をした際，受診してくれる家庭が増えるなど，保護者理解につながります。

Stage 2　気になる子どもの支援／小学校

ビジョントレーニングを糸口に
——個別支援・保護者支援の入り口としての活用法

本谷あゆみ（東京都北区柳田小学校主幹教諭／巡回拠点「やなぎだ」巡回教員）

個別指導の入り口に

　私は巡回教員として地域の4校を回り、おもに対象児童の指導を行っています。特別支援教室で対象児童を個別に指導するほか、対象児童のいる教室へ行き、そこでの様子を観察して指導につなげたり、担任の先生や保護者へのアドバイスも行っています。

　読み書きが苦手、図形の問題が苦手、鉛筆が上手に持てないなどの不器用さがみられる児童は、見る力に課題のある場合が多いため、個別指導のなかでビジョントレーニングを行います。また、1カ月に一度発行する「巡回拠点通信」でビジョントレーニングについて取り上げることもあります。

　ビジョントレーニングは、短時間で楽しくできて、多くの場合、継続的に行えば成果もあがるので、大いに活用しています。

短時間で、楽しく、自信アップ！

(1)学習課題のとっかかりとして

　ビジョントレーニングを行うと、本来行いたい課題に入りやすくなる場合があります。例えば、個別指導で、算数の苦手な子どもに、数概念の理解や図形のイメージを身につけさせたい場合があるとします。そのとき、すぐにその課題に取り組ませるのではなく、例えば「まねっこ体操」「両手でグルグル」といった体を動かすビジョントレーニングを入り口にすると、子どもの集中力も高まり、本来の課題に入りやすくなります。

　ビジョントレーニングを大きなくくりの中で活用するのも一つの方法です。

(2)課題にメリハリがつけられる

　ビジョントレーニングの利点の一つは、短時間で行えることです。集中力の続かない子どもでは、学習課題の合間に1〜2分で行えるビジョントレーニングをはさむことで、活動にメリハリをつけることができます。

　メリハリ用のトレーニングをいろいろとストックしておくといいでしょう。

(3)成功体験が自信につながる

　ビジョントレーニングの課題では、「どのくらいできるか」ということはあっても、「できない」ということがありません。「点と点をしっかり結んで線がひけた」「10分間に書ける文字数が増えた」というように眼に見える成果が得られますし、「スラスラ読めるようになった」という本人の実感としての成果も得やすいものです。

　成功体験を積ませて自信につなげられることも、ビジョントレーニングのよさだと思います。

(4)一緒に喜ぶことで信頼関係づくりを

　「やればやるほど成果が出やすい」ことは、教員にとっては、子どもを「ほめる材料になりやすい」といえます。

　例えば、対象児童が教室で問題を起こした

とき，開口一番に「教室でけんかしたんだって？」と言うのではなく，ビジョントレーニングを介してみるのです。「1分間で読める文字数がまた増えたね。よかったね！」と成功体験を共有したあとで，「……ところで，さっき，大変なことがあったんだって？」などと本来の問題に入るのです。

ビジョントレーニングをクッション材にすることで，子どもは気持ちのクールダウンや切りかえることができ，教師はほめることから入ることができるので，指導が入りやすくなります。

保護者支援の入り口として

(1)保護者のモチベーションアップに

巡回相談では対象児童の保護者と週1回連絡帳でやりとりをし，年に2回（希望者は3回）保護者面談を行います。

特に長期休みの前の面談では，家庭でもビジョントレーニングを継続して行うことをおすすめしています。

また，巡回指導に入る前に，保護者相談でビジョントレーニングを家庭で行うようおすすめすることもあります。家庭でトレーニングを行ってもらうと，子どもの変化が伝わりやすいので，「マス目の中に書けるようになりました」などと連絡帳で報告してくださる方もいます。

ビジョントレーニングは，保護者が子どもをほめるモチベーションにもつながると思います。

(2)視覚機能専門家につなげる

ビジョントレーニングを行うなかで，視覚機能に課題がみられる児童に関しては，保護者とのやりとりのなかで，希望があれば，視覚機能の専門家をご紹介することもあります。専門家によるアセスメントとアドバイスをもとに保護者と話し合い，家庭と学校の役割分担を行うケースなどもあります。

(3)アセスメントから巡回指導につなげる

巡回指導対象児でなくても，学級での子どもの様子や学級担任の観察から子どもの見え方に困難さがみられる場合，保護者からの依頼のもとに，視覚機能のアセスメント「WAVES」を行うことがあります。

結果は保護者にお伝えし，家庭でもビジョントレーニングを行っていただくようおすすめします。

学級担任にも結果を伝え，支援方法を提案することも行っています。その後，学級担任による支援や配慮を受けたり，家庭でのビジョントレーニングを進めたりしていきます。

そして，半年後・1年後のその子の変容をみていきます。しかし，困難さが変わらない，あるいは困難さが大きくなっている場合もあります。この場合は，視覚機能以外の課題にも目を向ける必要があるため，より詳細なアセスメントの必要を保護者に伝え，巡回指導につながる場合もあります。

新たな視点で活用を

このように，短時間で手軽に行うことができ，成果も出やすいビジョントレーニングは，見え方の課題の解消という目的以外にも，子どもの指導の入り口・保護者支援の糸口にもなります。先生方には，こうした視点でも，ビジョントレーニングを活用していただければと思います。

Column

「見えにくさ」をカバーする環境整備

　ビジョントレーニングの実施と平行して考慮したいのが，個々の子どもたちの「困り感」にそった環境整備と支援方法の工夫です。どうしたら読みやすくなるか，書きやすくなるか，子どもと相談しながら，その子に合った支援方法を見つけてください。

◆見やすさの工夫

眼鏡をかける

　視覚機能に課題が見つかっても，個人差はありますが，多くの場合，トレーニングと眼鏡で改善することが可能です。

　眼のピント合わせが弱い場合は，ピント合わせを補助する眼鏡をかけたほうが読みやすくなることがあります。また，遠視や乱視は近視よりも見つかりにくいものです。視力にはあまり影響が出ない場合もあるのですが，眼が疲れたり，ものが見えにくくなったりする原因となるので，眼鏡をかけたほうがいい場合もあります。さらに，近見視力が不良の場合，学習時や手元の作業をする際などに，眼鏡をかけたほうがいい場合もあります。

　子どもが眼鏡を嫌がる場合もあるようです。本人の好みのデザイン，つけ心地の快適性なども大切になります。動きが激しく，すぐに眼鏡を破損してしまうような場合，壊れにくい素材のレンズやツルを使ったものなど，耐久性も配慮したいところです。

見やすい紙面作りの工夫

・行間を空ける

　行間が狭いと，文字が重なって見えるなどの混乱が起こりやすく，読みにくい場合があります。

・1行の長さを短くする

　行が短いと，眼をあまり動かさずにすむので読みやすくなります。

・文に区切りの／（スラッシュ）を入れる

　文節や単語の区切る箇所を示すことで，読みやすくなります。

> 例）むかし／むかし／あるところに／おじいさんと／おばあさんが／すんでいました。

・読みやすいフォントにする

　フォント（書体）が異なると同じ文字でも混乱してしまうことがあります。その場合は，本人が読みやすいフォントを使うとよいでしょう。

・文字組みの方向

　縦読み・横読みのどちらかが苦手な場合，読みやすいほうを選びます。

・情報量を加減する

　1枚の紙面のなかに情報量が多いと，眼の運動がひんぱんになり，読みにくくなります。

読みとばしが多い場合の工夫

・文字を指で押さえながらなぞり読みをする。
・行間をあける（本人の読書効率のよい行間）。
・細長い定規（しおりでも可）を当てる。
・読んでいる行だけが見えるようにくり抜い

た窓枠付きの用具を利用（厚紙などを使って1行または2行空きの用紙を作る）。
・これから読む箇所，または読み終わった箇所を紙で隠す。
・細長いルーペを利用する。
・文頭に番号をふり，読む箇所を指示する。
・2種類のマーカーを使用し，1行ごとに異なる色を引いておく。

見やすさ・書きやすさに配慮したグッズ

・色つきフィルム

　光の感受性により，半透明の色フィルムを本の上に載せると，読みやすくなる場合があります。色つきのファイル（黄，緑，青など）を数種類試してみて，読みやすくなるようであれば利用しましょう。

・読書用ルーペ

　小さい文字が見えにくい場合は，読書用ルーペを利用する方法もあります。拡大したい箇所に載せる円形のもの，横幅の長いもの，持ち手のあるもの，ポケットタイプ，スタンドタイプ，LEDライト付きなどいろいろなタイプがあります。

・見やすい定規

　目盛りの文字が大きい，1cm間隔で配色が異なるものなど，見やすく工夫のされた定規が市販されています。黒い定規（数字や目盛りは白）など，色つき定規で目盛りが白抜き文字のものは，コントラストがはっきりして文字が認識しやすくなります。色もさまざまあるので，本人が見やすいものを選ぶとよいでしょう。

・見やすい・書きやすいノート

　手先の器用性に課題がある場合，小さくきれいに書くことがむずかしくなります。その場合は書きやすい大きさのマスのノートを選びましょう。

　また，マス目のあるほうが見やすい子もいれば反対に見えにくい子もいます。マスの大きさやマス目の有無，罫線の太さや色，行間など，個々の子どもに合ったノートを選びましょう。

・ペンにつける補助グリップ

　鉛筆やペンにつけることで，すべりにくく，持ちやすくなる補助グリップも市販されています。鉛筆の正しい持ち方ができていないと書くことがむずかくなるので，その場合は矯正効果のある補助グリップを利用するといいでしょう。

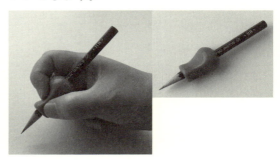

音声・映像によるサポート教材

　パソコンやタブレット等の端末を利用し，音声教材を活用して聴覚からサポートする方法もあります。

　文部科学省の委託を受けた製作団体が音声教材を製作し，読み書きが困難な児童生徒に無償で提供しているものもあります。（「マルチメディアデイジー教科書」（日本障害者リハビリテーション協会），「AccessReading」（東京大学先端科学技術研究センター），「音声教材BEAM」（NPO法人EDGE）。

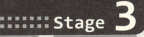

個別支援／小学校1年生

トレーニングによる改善で，学習支援へスムーズに移行
―― 眼球運動が改善。小学校入学後には学習支援へ

金井なおみ（シーズ発達研究所）

アセスメントとプログラムの流れ

シーズ発達研究所（以下「シーズ」）でのビジョントレーニングは，来談者の主訴（学習や生活の困難さ）をお聞きし，必要に応じて眼球運動のアセスメントを行い，プログラムにそってトレーニングを実施しています。

ビジョンアセスメント

- 本人および保護者からの聞き取り――発達状況，生活・学習上の困難について
- 視覚機能のアセスメント
- ○必ず実施するもの
- 「視覚機能チェックリスト」（北出勝也『ビジョントレーニング』図書文化）
- 遠見視力・近見視力
- 眼球運動（DEM，追従，跳躍，両眼のチームワーク）
- 模写テスト
- ○必要に応じて実施するもの
- 知能・認知検査（WISC-IV，KABC-Ⅱなど）
- バランスチェック
- 学校での学習の様子――学習ノートの書字や教科書の読み　など

(1) トレーニングに使用するもの
- 書籍・ドリル――北出勝也『ビジョントレーニング』（図書文化），北出勝也『発達障害の子のビジョン・トレーニング』（講談社），『マスコピー』（アットスクール）など。
- その他教材――「ペグボード」，「ジオボード」，ボディイメージ教材，コロコロキャッチ，立体パズル，アセスメント用グッズなど。

(2) プログラムの流れ

アセスメント後，トレーニング計画を立てます。毎月，家庭で実施したトレーニングの結果を確認し，翌1カ月の家庭でのトレーニング内容を決めます。3カ月実施した時点で，視覚機能の伸びのチェックを行い，次の3カ月のトレーニングプランを立てます。

(3) 家庭で毎日取り組むためのプログラム

ベースのプログラムをもとに，個別のプログラムを作成し，1カ月ごとにプログラムの見直しを行います。追従性眼球運動（以下「追従」），跳躍性眼球運動（以下「跳躍」），両眼のチームワーク，視空間認知の中からお子さんの状態によって組み合わせますが，まず追従と跳躍を中心に行います。

家庭では1日10～15分，毎日実施していただきます。ウォーミングアップ（10秒注視・追従・跳躍のセット）と最後のクールダウン（眼を閉じる，場合によっては冷やす）を組み合わせ，リラックスします。4カ月目から学習（読み，書き，計算）に関する支援が計画されます。

家庭での取り組みがむずかしい場合は，月1回，シーズにて45分の集中プログラムでトレーニングを行います。

ベースとなるプログラム表

回数	月日	追従	跳躍	両眼	視空間	ボディ
1						
2						
3						

Aさんのトレーニングの実際

（ウォーミングアップは毎日実施）
1カ月目（3月）線めいろ，線なぞり
2カ月目（4月）文字探し，「ジオボード」
3カ月目（5月）ひらがな，数の学習支援
4カ月目（6月）ひらがな，数の学習支援
5カ月目（7月）ひらがな，数の学習支援
6カ月目（8月）文字探し，数探し
※視覚機能の伸びのチェック。その後シーズにて45分プログラムで実施。
7カ月目（9月）コロコロキャッチ，文字探し，点つなぎ，読んでみよう，卓球で遊ぼう
8カ月目（10月）コロコロキャッチ，文字探し，点つなぎ，読んでみよう，卓球で遊ぼう
※前回の反省で，トークンとして課題が終わるごとにシールを張る。
9カ月目（12月）コロコロキャッチ，ペグ差し，なぞりがき，読んでみよう，卓球で遊ぼう
10カ月目（2月）ビジョンチェック実施

落ち着きがないAさん

Aさんは，トレーニング開始時，保育園の年長児でした。「落ち着きがない」という主訴で，保護者が相談にみえました。

Aさんは，じっとしていることが少なく，着席時，姿勢の保持がむずかしい状態でした。視覚機能検査の結果は，縦読みに課題はなく，横読みは列が変わると読む場所を見失います。追従は時計回り，跳躍は斜めに課題がありました。模写テストは，4歳6カ月課題から誤答になり，左右反転がありました。WISCでは知的水準は平均で，標準得点間・下位検査間ともに，有意差はありませんでした。

(1)トレーニングによる改善で学習支援へ

右表はAさんが行ったトレーニングです。

トレーニングの結果，眼球を自分で意識してゆっくり動かせるようになりました。追従に関しては，時折眼が速く動いてしまっていたのが改善しました。シーズでは，ビジョンチェックの継続と学習支援へ移行しました。

本ケースは小学校入学前〜入学後にかけて約1年間の支援事例です。保護者の協力もあり，前半6カ月はほぼ毎日家庭でトレーニングを行い，シーズではビジョントレーニングとひらがな，数の学習支援を行いました。

後半6カ月は家庭の事情で，毎日の家庭でのトレーニングが実施できなくなったことを受け，シーズで月1回45分の集中トレーニングを実施しました。結果，眼球運動に改善がみられ，小学校入学後には，学習支援へスムーズに移行することができました。

(2)その後の課題により支援を継続

トレーニング終了後，4年生（9歳8カ月）になって再び相談にみえました。主訴は，漢字が書けないことでした。

相談時に実施した模写テストの結果は，学校での個別指導の結果もあってか，9歳6カ月，10歳2カ月課題がやや不安定でしたが，13歳の課題まで通過していました。漢字書字の困難さの原因は視覚認知ではなく，音韻の課題であることがわかり，現在支援を継続しています。

Stage 3

個別支援／小学校1年生

集団適応をめざした通級指導
―― 不適応をおこしていた子どもが自信を取り戻すまで

高橋奈緒子（富士見市発達情緒障害通級指導教室教諭）

二つの検査で困難さを把握

　小学校1年生のAくんは，まじめでがんばり屋な性格ですが，みんなのペースについていけないことが多く，一斉指導が入らず，個別の声かけが必要でした。図工でハサミが使えず「できない」と泣いてしまう様子もみられました。「どうせだめだ」という学級での不適応感が現れたことから，9月末から通級指導教室へ通いはじめました。

　Aくんの不適応感の根底には，視空間認知の困難さが考えられたため，的確な実態把握を行うために，二つの検査を用いました。

　最初に行った「DEM」（図1）では，間をあけて並べられた数字を，眼だけで読んでいきます。Aくんは，上と下の段は正確に数字をとらえることができましたが，中心部では行とばしなどの混乱がみられました。視標を使った眼球運動のチェックも行い，追従

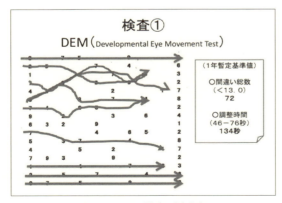

図1　DEM検査（当初）

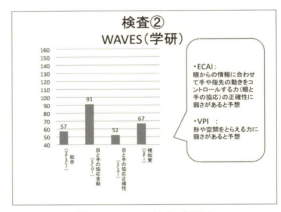

図2　WAVES検査（当初）

性，跳躍性，両眼のチームワークの三つの眼球運動に困難さがあることがわかりました。

　さらに「WAVES」で，Aくんの苦手な部分を詳しく調べました（図2）。すると，眼からの情報に合わせて，手や指先の動きをコントロールする力（眼と手の協応）の正確性と，形や空間をとらえる力（視覚間認知）に弱さがある可能性が高いという結果が出ました。

家庭との連携でトレーニング開始

　こうしたアセスメントをもとに，ビジョントレーニングを2カ月間行いました。

　週1回の通級での指導と，家庭では宿題のあとの「ごほうびタイム」として，毎日，保護者と楽しく取り組んでもらいました。

　当初は「眼の体操」がむずかしかったため，視標を用いて追従性眼球運動が一直線に

行えるようになることから取り組みました。動画を撮影したことで，それを見ながらAくんが自分の眼の動きを確かめられたことも有効でした。また，以前の記録と比較しながらみていくうちに，調子のいい日・悪い日を本人が自覚するようにもなりました。

1カ月後には，だいぶまっすぐに追従性眼球運動ができるようになりましたが，跳躍性眼球運動は不十分だったため，Aくんの好きな「なぞなぞ」を用いて，眼を跳躍させながら読む「改行トレーニング」（図3）を行いました。こちらは語彙を増やす活動としても効果的でした。

眼と手の協応や視空間認知に関しては，具体物を用いた活動が効果的でした。特に「ジオボード」は，指先の運動にも効果がありました。ボディイメージを高めるトレーニング（写真）も並行して行い，巧緻・粗大運動ともに向上がみられるようになりました。

Aくんのトレーニングメニュー

○眼球運動
・眼の体操
・コロコロキャッチ
・風船（ボール遊び）
・金賞タッチ（動く対象物をタッチ）
・ナンバータッチ
○眼と手の協応
ドリル「グルグル迷路」
・洗濯バサミ（定規に付けたり取ったりする）
○視知覚（形をとらえる力）
ドリル「点つなぎ」
・「ジオボード」

図3　なぞなぞ改行トレーニング

写真左：足を内股，外股にしたときに手を逆に動かして歩く練習。
写真右：板の上をバランスをとって歩く練習。

1カ月後——確かな成果が

ご家庭の協力もあり，1カ月後には成果がはっきりとわかるようになり，成功体験を得ることができました。これにより，指導する側も楽しむことができ，継続したトレーニングが可能になったと感じます。

学級担任からは，「連絡帳はスムーズに書けている」「ノートは脱字が少しあるものの，少しずつミスが減っている」との報告がありました。実際，1カ月後に行ったDEM検査では，「間違い総数」は，当初の検査では72でしたが1カ月後の検査では47に減り，「調整時間」も，134秒から61秒と約半

分の時間でできました。「WAVES」による検査でも,「眼と手の協応正確性」の値が大きく伸びました。

2カ月後——何ごとにも挑戦!

2カ月後の検査結果をみると,「DEM」では,「間違い総数」は20,「調整時間」も57秒となり,1カ月後よりもさらによくなっていました。「WAVES」の結果をみると,視空間認知機能が全般的に向上していることがわかります(※この検査は,本来,半年以上の間隔を空けて行うことが望ましいとされています)。

Aくんの生活にもその成果が表れ,何ごとにも挑戦し,最後までやりきろうと努力する姿が増え,自信をもてるようになってきました。保護者からは,以下のようなうれしい報告も受けています。

2カ月後の家庭での変化(保護者より)

- 絵がうまくなりました。
- 連絡帳の文字が,以前は行からはみ出したり,大小バラバラでしたが,いまでは行の中に収まり,小さい字が書けるようになりました。
- いままでは「どうせできない」「どうせだめだ」と言うことが多かったのですが,最近は「ぼくにできないことはない」とよく言っています。自信がついたようでうれしいです。
- 宿題を集中して一人でできるようになってきました。
- 最近,学校から楽しそうに帰ってきます。

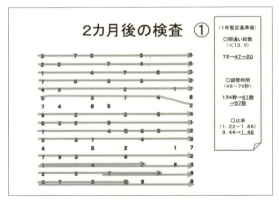

図5 DEM検査(2カ月後)

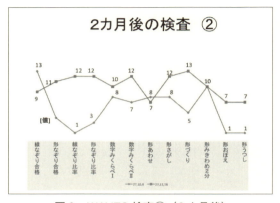

図6 WAVES検査①(2カ月後)

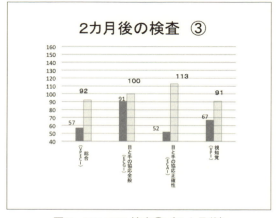

図7 WAVES検査②(2カ月後)

成功体験の実感が継続の鍵

　私がビジョントレーニングの本に出会った当初，正直なところ，半信半疑でトレーニングを行ってきました。

　しかし，比較的短期間で変容がみられること，数値的に理解することができることを知り，私自身も，ビジョントレーニングを行うことがとても楽しくなりました。

　毎日の積み重ねが大切になるビジョントレーニングですので，トレーニングの主体となる家庭と情報を共有し，環境を整えていくことがとても重要でした。

　指導者も保護者も本人も，楽しく「よくなっていく成功体験」をいかに実感できるかが，継続の鍵となりました。

　現在も家庭で継続して取り組まれ，さらなる成長を遂げているようです。

現在の家庭での様子（保護者より）

- 以前は読むことが好きではなかったのですが，いまは興味のあるものは自分で読んでいます。
- 写し絵に，以前とは別人のように集中して取り組んでいます。
- 縄跳びが上手になり，跳び箱は5段が飛べるようになりました。
- 画数の多い漢字も，以前より覚えるのが早くなってきました。最近は，「ジオボード」なしで覚えられます。

ビジョントレーニング後の感想（保護者より）

　ビジョントレーニングがきっかけで，見えにくさからくる生活のしづらさに気づけたことは，とても大きいものでした。いままで，モヤモヤしていたものが，具体的に取り組むことでわかり，納得して子どもの困り感と向き合うことができました。

　いま思えば，療育の場面で幼いころからビジョントレーニングに取り組んでいましたが，なぜ必要なのかわからずにやっていました。いまは必要性がわかり，「やって伸びるものなら楽しんでやっちゃおう」という気持ちで，遊びの中で毎日取り組むことができました。

　毎日5分でもやり続ければ，効果がはっきりわかります。特に「ジオボード」は漢字を覚えるのに最適で，「ジオボード」で漢字を作った後，書けなかった漢字が書けることに，本人も驚いています。

　運動面では，眼の動きとバランス感覚が養われたことで，球技，アスレチックが驚くほど上達しました。

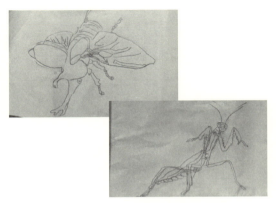

図8　Aくんが描いた写し絵

Stage 3

個別支援／小学校2年生

毎日3分×2カ月の取り組みで自信を回復！
――眼球運動トレーニング＋プリント宿題で眼球の動きが改善

加藤恵子（前鴨川市教育委員会主任指導主事）

一斉指示が入らないBくん

鴨川市の特別支援教育コーディネーター研修会での中間報告から、実践事例を紹介します。

Bくん（小学校2年生）は、一斉の指示が入らないときがあり、授業がわからないと泣いてしまうこともありました。

また、一度にたくさんのことを言われるとそれらを記憶しながら考えることが困難であり、確認するための手がかりがないと全体をつかめず、理解が不十分になりました。

「フロスティッグ視知覚発達検査」を実施したところ、素地が複雑になるとやや惑わされるところがあり、なぞりが線からぶれてしまうことがありました。視空間関係がいちばんよい結果となりました。量が多く複雑なものは惜しい結果でしたが、その他のものは正しくとらえることができました。1年生からの漢字練習などの成果が出ているようです。

見え方の巡回指導で、追視をやったところ、眼の動きが止まってしまうことがありました。眼で追えず、途中ではずれてしまうのです。こうした結果から、ビジョントレーニングが必要と判断し、実施しました。

眼球運動＋プリントでの練習

トレーニング期間は2カ月間（10～12月）の朝、業間休み、昼休みなどいずれかの時間を使い、3分間程度を月曜日から金曜日までほぼ毎日1回行うこととしました。

Bくんのトレーニング内容

> 全校で取り組んでいるものにプラスして
> (1)眼球を動かすトレーニング
> (2)プリントによるトレーニング

(1)眼球を動かすトレーニング

眼の運動を、左右上下、円、斜め、寄り眼の順番で行いました。トレーニングを続けることで、途中でペン先から眼を離すことがなく、集中してボールペンの先を見続けること

> トレーニング開始約1カ月後には、「サッカーのキーパーでボールが止められるようになった」といううれしい報告がありました。

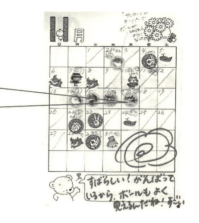

164

(2) プリントによるトレーニング

フロスティッグの練習プリントや北出先生の練習プリント（点つなぎ）のプリントなどを毎日1枚ずつ宿題にしました。宿題を忘れてしまったときは、(1)のトレーニングのときに学校で行いました。

トレーニングを行うことで集中力が増し、眼球がぶれなくなりました。視点が定まり、点をしっかりと見ることができるようになり、線もぶれなくなりました。

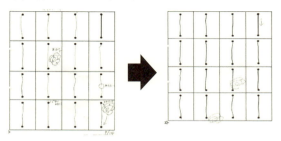

トレーニング前（左）には、点と点は結べているものの線がぶれていました。トレーニング後（右）には、まっすぐ線が引けるようになり、ぶれが少なくなり、筆圧も強くなっています。

トレーニング効果で自信をつける

「数字ランダム読み」（北出先生の本の資料から）のタイム計測をトレーニング前と後で行ったところ、表のようになりました。

	トレーニング前	トレーニング後	
月日	9／30	12／7	12／16※
縦読み	60秒	39秒	32秒
横読み	62秒	33秒	27秒

（※＋1.0眼鏡あり）

横読みでは、12月7日も12月16日も途中1回読み間違いがありましたが、前回より6秒速く読むことができました。縦読みでは、12月7日は、途中2回ほど読み間違いがありましたが、12月16日は1回も間違えずに行えました。

北出先生に見ていただいたときは、1分もの時間がかかっていましたが、トレーニングを重ねることにより、半分の時間で読むことができるようになりました。

下記の作文にあるように、サッカーではボールを止められるようになり、音読でも読む箇所がわかるようになった、といううれしい報告がありました。

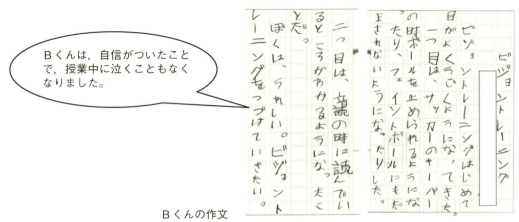

Bくんは、自信がついたことで、授業中に泣くこともなくなりました。

Bくんの作文

Stage 3

個別支援／小学校3年生

「困り感」にそったトレーニングプラン
——トレーニング中にみえてくる課題の詳細

加藤恵子（前鴨川市教育委員会主任指導主事）

意識調査で明らかになった「困り感」

鴨川市の「児童生徒意識調査」（132ページ参照）の結果を踏まえ，困り感が浮き彫りになったAさん（小学校3年生）の個別指導（期間4カ月）について紹介します。

◉「児童生徒意識調査」チェック項目
- 読むときに時間がかかる。
- 黒板に書いてある文字をノートに書き写すことに時間がかかる。
- 球技運動でボールをうまくとれない。
- 見たものや人物，ものの形などを書くことが苦手。
- 生活の中で，靴などの左右を間違えることがある。

困り感にそったトレーニング

意識調査の結果を踏まえ，Aさんのトレーニング内容を検討しました。

①眼で追ったり，飛ばしたりしてものを見る眼球運動，②頭の中で形をイメージする視空間認知のトレーニングを中心に行い，③集中力を育てる両眼のチームワーク，④運動力を育てるボディイメージのトレーニングもあわせて行うことにしました。

なお，トレーニングは，北出勝也『子どものビジョントレーニング』（PHP研究所）を参考に行いました。

Aさんのトレーニング内容

(1) 眼球運動
追従性眼球運動——線めいろ，線なぞりなど
跳躍性眼球運動——表の文字読み（ひらがな・カタカナ），数字探し，文字探しなど。

(2) 視空間認知
絵パズル，立体パズル，「スティックパズル」，「タングラム」など。

(3) 両眼のチームワーク
寄り眼，離し眼，ブロックストリング，3Dビジョンなど。

(4) 運動能力（ボディイメージ）
眼と手の協応，じゃんけん，指立て，まねっこダンスなど。

個別指導内容

(1) 線なぞり

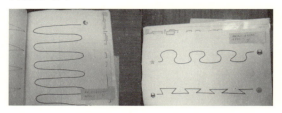

「クネクネ曲がる線」と「カクカク曲がる線」の練習では，クネクネ線の角について「曲がるところがむずかしい」と言います。カクカク線は角がはっきりしているため，いったん指や眼を止めることができるようです。

初めは線を指でたどり，次に眼だけでたど

第4章 ▶ 教育現場での実践例

りました。

　シートを縦と横にして練習したところ，線が横の場合は楽にでき，線が上下すると，むずかしいようです。眼の上下運動が苦手なことがわかりました。

(2) 文字探し

　ひらがな表の中から言葉を探す練習を行いました。眼を縦横斜めに動かし，文字を記憶し言葉にします。縦と横は簡単に見つけましたが，斜めはむずかしかったようですが，何回目かには「字がはっきり見えた」と言いました。

(3) 点つなぎ

　点の位置がわからず，苦戦しました。一つの点から次の点の位置を数える工夫をすると，位置関係がみえてきたようです。使用したワークシートは四角が基本なためか「楽になった」と言います。

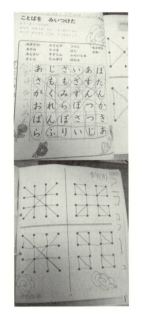

(4) 追従性眼球運動

　ホワイトボードに黒板に星印を3枚張り，遠くを見る練習をしました。黒板全体が見える範囲に入っていますが，眼球を動かして確実に見る練習です。

(5) 跳躍性眼球運動

　棒の先に玉を付け，子ども自身が動かしながら眼で追う練習です。

　上下のときに眼が追いつかずに戻ってしまったり跳んでしまったりしましたが，練習を繰り返すことで，追うことができるようになってきました。

拡大レンズの利用

　Aさんに限らず，定規の細かいメモリを読むことが苦手な子どものため，定規のメモリに色をつけたり，虫眼鏡を使ったりしましたが，はっきりと見えないようでした。そこで，手で持たずに使える「拡大レンズ」を作成し，使わせてみると，「わあ！　よく見える。読めるよ。できるかも!?」と，大きな声があがりました。多くの子どもが「使うとはっきりする。楽だよね」と言います。

Stage 3

個別支援／小学校6年生

支援機関でのトレーニングと学校との連携
―― 中学校入学後の引き継ぎもスムーズに

金井なおみ（シーズ発達研究所）

※シーズ発達研究所（以下シーズ）での支援・プログラムの流れに関しては，158ページを参照ください。

視覚機能全般に弱さがあるBさん

　Bさんは，トレーニング開始時，小学校6年でした。以前，医療機関で眼球運動のチェックを受けていて，トレーニングの必要性はあったものの，実施できずにいました。

　今回，保護者がシーズでトレーニングができることを知り，来訪されました。

　来訪当初のBさんは，教科書に目を近づけて読んでいました。眼球テストでは，追従性眼球運動・跳躍性眼球運動ともに，眼球が著しくはずれていました。

　知的水準は境界線です。視空間認知も弱く，模写テストの結果も低い状態でした。

　保護者との相談の結果，家庭で協力していただけることになったため，ビジョントレーニングを開始しました。

6カ月のトレーニングで改善！

　右表の基本プログラムをもとに，家庭で10〜15分間，毎日トレーニングを行ってもらいました。

　1カ月ごとにプログラムの見直しを行い，月1回，シーズにて視覚機能の伸びのチェックを行いました。

Bさんのトレーニングの実際

（ウォーミングアップは毎日実施）
1カ月目（4月）眼のジャンプ
2カ月目（5月）線めいろ・その1，視空間認知練習用パズル
3カ月目（7月）線めいろ・その2，ランダム読み

○視覚機能の伸びのチェック①
4カ月目（8月）線なぞりその1，ランダム読み，寄り眼の練習，点つなぎ
5カ月目（9月）線なぞり・その2，遠く近く前後左右上下運動
6カ月目（10月）複写の課題「マスコピー」，「おちたおちたゲーム」※

○視覚機能の伸びのチェック②
　ここで集中トレーニングは中断し，後は月1回のビジョンチェックとトレーニングを現在も継続中。

【トレーニングの補足】
※「おちたおちた」――指導者が「おちたもの」を指定し，子どもは対応するしぐさをするゲーム。
（例）
T「おちたおちた何がおちた？」
C「何がおちた？」
T「りんご！」
と言ったら，子どもはりんごを受け取るしぐさをします。

6カ月にわたり実施されたBさんのトレーニングは、保護者の協力もあり、長期の休みで生活リズムが整えなかったときを除いて、ほぼ毎日実施できました。教科書の読みは、本人も教科書から顔を離して読むことを意識できるようになり、眼の動きだけでスムーズに読めるようになりました。ほぼ1カ月たったところで、追従性眼球運動と跳躍性眼球運動に関しては、ほとんど改善されました。

小・中学校との連携

学校との連携も図りました。

Bさんのトレーニングは、6年生の1〜2学期にかけて実施し、その後、学級担任とトレーニングについて情報交換し、個別の指導計画にも入れていただきました。中学進学後も、支援会議でシーズでのトレーニングの様子と学校で配慮してほしい点を以下のようにお伝えし、取り組んでいただきました。

・教科書を読みときは、眼を離して読むよう教師が声がけをすること。
・授業の初めに「マスコピー」などの訓練を実施すること。
・テストは本人のわかりやすいように文字の大きさを工夫すること。

などです。その結果、Bさんの「見ること」に関する困難さは軽減され、中学校へのスムーズな以降へとつながりました。中学校は教科担任制で教えるため、生徒の情報の共有、指導の一貫性がむずかしいのですが、このような場合、役に立つのが支援会議と個別の指導計画です。連携を考える際、とても重要なことだと実感しています。

シーズでのトレーニングの今後

最近ではiPadを活用し、ビジョトレーニングに活用できるアプリを入れてトレーニングに役立たせています。

シーズでは、今後、さらに相談が増加すると思われる学習障がい（特に読みと書きの障がい）のアセスメントの一環として、すべての来談者にビジョンチェックを実施する予定でいます。

これからも子どもたちの学習上、または生活上の困難さの要因の一つに眼球運動が関係しているかどうかをていねいにみていき、子どもたちの「見える、わかる、楽しい」を支えていきたいと考えています。

現在のBさんのトレーニングの様子
上：「ジオボード」で漢字を作る。
下：iPadで注視力を高める。

Stage 3　個別支援／高校生

肢体不自由のある生徒の移動支援
―― 車いすでの走行が可能になり，念願の大学進学を果たす

槇場政晴（大阪府立茨木支援学校指導教諭）

車いすでの自力走行が課題

　高等学校に在籍するAくんには，四肢に力が入って身体のコントロールがむずかしい，けい直型の肢体不自由がありました。右眼に外斜視があり，寄り眼や追視，すばやくジャンプする視線移動のときなどの場面で，右眼はほとんど動きませんでした。

　日常生活は車いすを利用し，通学は母親が自家用車で送迎していました。筆記用具を使った書字は可能でしたが，筆記に時間がかかるため，高校では板書や定期テストの答案への記入に代筆の支援を受けていました。

　Aくんは，社会科が得意で，特に歴史は大変優秀な成績を収めていました。数学では，計算の能力が高く，教科書の問題は，ほぼ暗算で処理することができましたが，図形に関する証明問題はまったくできませんでした。

　Aくんは，大学への進学を希望していましたが，電動車いすで道路を通行中，気がつくと道路の真ん中あたりを走っていることが多く，通学に不安を抱えていました。

検査を用いて課題を整理

　Aくんは，歴史や計算が得意であることから記憶の力は高いいっぽう，図形問題が苦手で，電動車いすで走行中に道路の真ん中を走ってしまうことから，視空間認知に弱さがあると推測できました。

　そこで「WISC Ⅲ」と「フロスティッグ視知覚発達検査」，図形模写の検査を行い，実態の把握を実施しました。その結果，総合的な判断からAくんは，言葉の力や聴覚を利用した情報処理能力に優れ，視覚による情報処理能力に弱さがあることが推測されました。

　また，タングラム（の課題）では，見本と同じ図形を作れず，パズルのパーツが離れていても気づかないなど，形の構成や位置関係，角度の違いの理解がむずかしいことがわかりました。

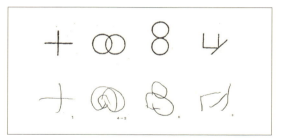

図1　図形模写テストの結果

　図1は，図形模写の一部です。手にマヒがあるため，たどたどしい筆跡になっていますが，上下左右の位置関係が理解でき，斜め線で構成される図形の認識がむずかしいことがわかります。点つなぎの課題からは，直線は理解できますが，二次元的な広がりのある図形の認識がむずかしいことがわかりました。

車いすでの安全走行をめざす

　Aくんの課題のうち，道路を車いすで安全

走行できることが，将来自立していくための最優先課題であると考えました。

そのためには，ガードレールを指標にして通行ができ，ガードレールと前方に注意を向けられることが必要と考えました。そのため，目標物を見つけ注視できる力と，自分の動きに合わせて追視できる力を育てることにしました。

高校の場合，時間割に自立活動など個別学習の時間設定がむずかしいため，放課後に週1回，20分程度の個別学習の時間を設定し，保健室で養護教諭が指導を行い，コーディネーターである筆者が月1回訪問して，評価と指導の方針の見直しを行うことにしました。

特別なグッズは使わず，ビジョントレーニング未経験者でも指導と評価ができる課題で構成しました。また，Aくんは肢体不自由があるため，手指を使う課題は行わないことを前提に指導プログラムを立てました。

Aくんのプログラムの内容

- 一つの指標の動きを追視する練習。
- 二つの指標を交互に見る跳躍視の練習を行う眼球運動のトレーニング。
- 眼のジャンプトレーニング（図2）。

眼球運動トレーニングは，15cm長さの竹串の先に赤・青のビーズを付けて行い，5試行中できた回数で評価をしました。「眼のジャンプトレーニング」は，筆者が考案したもので，模造紙などに直径80cmの円を描き，時計の文字盤のように12ヵ所に指標を張り，ホワイトボードに掲示して使用します。指標は，数字や文字，絵カードなどを対象者の実態に応じて変更すると効果的です。トレーニ

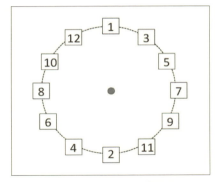

図2　眼のジャンプ課題

ング法は，始めに読んだ数字から最も離れた場所にある数字を次に読みます。図2の課題は，1から順に数字を読み，12枚のカードを読む時間で評価を行いました。

車いす走行が可能になり大学へ

1ヵ月後，Aくんの右眼は，目標物に合わせてわずかに動くようになり，3ヵ月目には，左眼の動きがスムーズになり，追従視・跳躍視ともにほぼできるようになりました。日常生活でも，右眼の動きがみられるようになりました。

4ヵ月目には，ガードレールを指標にガードレールにそって電動車いすで走行できるようになりました。直接指導していない図形の位置関係が理解できるようになり，図形問題が徐々にできるようになりました。

二つのトレーニングで，どこを見たらよいのか，何に注目をすればよいのかがわかるようになったため，車いすでの走行以外に図形問題の理解にもよい影響を与えたと考えられます。

その後Aくんは，大学に進学し，公共の交通機関を利用し，通学しています。

Stage 3

個別支援／高校生

不器用で作品作りができない生徒の支援
――印に針を刺す課題をクリアして自力で作品を完成

槇場政晴（大阪府立茨木支援学校指導教諭）

■ 不器用で印に針を刺せない

　高等学校に在籍するBくんは，視力には問題はなく，医療機関で特別な診断は受けていませんが，不器用さが目立ち，作品がうまく作れない課題がありました。特に家庭科の裁縫の課題では，布に印を付けても印に針を刺すことができません。Bくんへの聞き取りでは，「指示どおりにやっているつもりですがうまくいきません」と話していました。

　Bくんの授業中の様子について，各教科の先生方に記述をしてもらうと，「まじめに取り組んでいる」という好意的な評価を全員の先生がしました。半面，「板書を写すのに時間がかかり，時間内に写し終えない」「不器用さが目立つ」「唐突にしゃべり出す」などの課題をほとんどの先生があげていました。

■ 三山課題と身振り模倣で課題整理

　Bくんは，各教科ともに学年の平均的な成績を修めていました。不器用さの指摘をほぼ全教科の先生がしていたことから，視空間認知の問題があることと，ボディイメージが育っていないことが推測されました。

　視覚機能のチェックとして眼球運動と手元の数字36文字を写す近見視写と3m先の数字36文字を写す遠見視写，図形の模写テストを行った結果，正中線より右側では視線がそれて注視がむずかしく，近見視写と遠見視

図1　図形の模写

写に要する時間に大差がありました。図形の模写では，角が描けず，複数の図形で構成された図形の模写はできませんでした。

　空間のとらえ方とボディイメージの状態の確認として，机上に置いた三つの山の配置を自分の位置から見た山の配置，正面，左右から見た山の配置を想像して描く「三山課題」（図2）と，指導者がする動作をまねる「身振り模倣テスト」（図3）を行いました。

　三山課題は，視線を机の高さに合わせて三つの山を見たときに見える様子を描く課題です。山の大きさから，AとBの位置からは大中小の三つの山が見えますが，CとDの位置からは，小さな山が見えなくなることを推測できるかが評価の観点となります。

　その結果，三山課題では，自分の位置から見た山の配置を書くことはできましたが，その他の位置から見た山の配置を正しく描くことはできませんでした。

　身振りの模倣は，腕を上げるなど粗大な動

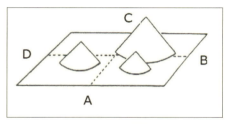

図2　三山課題

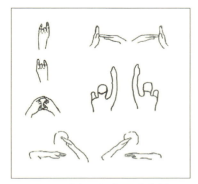

図3　身振り模倣の動作例

きの模倣はできますが，手の形など微細な動きの模倣はできず，身振り模倣のほとんどが鏡像となっていました。

注視の力を育てる課題を設定

　Bくんには，注視の力に課題があるため，指標を追視したり，二つの指標を交互に注視したりする眼球運動の練習を設定しました。

　さらに，形の理解と枠の中の図形の位置関係を意識させることにより視空間認知の基礎的な力を育てることにしました。そこで，見本を見て「ジオボード」で課題の形を作り，解答シートに写しとる点つなぎの課題を設定しました。

　また，視空間の位置関係の理解を深めボディイメージを高めるため，三山課題と身振り模倣の練習も行うことにしました。

　三山課題は，山の位置を描く際に山の位置関係を説明をさせ，常に言葉による自分の考えをフィードバックさせるようにしました。

　眼球運動のトレーニングと点つなぎの課題は，週1回30分程度，放課後学習として担任がトレーニングを行い，三山課題と身振りの模倣の練習は，コーディネーターである筆者が月1回訪問して行い，総合的な評価と指導内容の見直しを行いました。

課題をクリアして自力で作品作り

　2カ月目には，指標から視線がはずれることもなくなり，Bくんの眼球運動はスムーズになりました。三山課題も，山の位置関係を説明しながら図示できるようになり，身振りの模倣も正確にできるようになりました。

　5カ月目には，点つなぎの課題で，形と位置関係の両方の表現が正確になりました。それに伴い，図形の描画は，角の表現ができるようになり，描く線が太くしっかりしたものになりました。

　近見視写と遠見視写の時間の差は，アセスメント時の18秒から9秒に半減しました。

　日常の学校生活では，課題だった印に針を刺すことができるようになり，自力で作品を完成させました。また，薄くてコピーをとることができなかったノートの文字が太く力強くなるとともに，板書については，各教科の先生から「板書を写す速度が速くなっている」という評価が得られました。

　これらの結果は，設定した課題によって，どこに注目すればよいのかが理解できるようになるとともに，視空間の位置関係の理解も深まったためと考えられます。

ビジョントレーニングについて相談できる機関

　日本でも視覚機能の検査を行う場所が少しずつ増えてきました。以下に，ビジョントレーニングの相談ができる全国の機関を紹介します（2017年6月現在）。

視機能トレーニングセンター JoyVision（ジョイビジョン）
神戸市中央区三宮町3-1-7 服部メガネ店内
TEL：078-325-8578　　http：//www.joyvision.biz/

【岩手県】JoyVision 岩手（スマイルメガネ研究舎）
TEL：019-625-1242
http://horizon-silver.jp/jvi/jv_home.html

【新潟県】JoyVision 新潟（メガネの朝日堂 / 来迎寺店）
TEL：0258-92-5055
http://joyvision-niigata.com/

【東京都】JoyVision 東京
E-mail：info@joyvision.biz
詳細はお問い合わせください（HP準備中）

【神奈川県】JoyVision 横浜（アイケアシステム）
TEL：045-543-1071
http://joyvision-yokohama.com/

【静岡県】JoyVision 富士（メガネの博宝堂）
TEL：0545-52-1841
http://www.opt-hakuhodo.com/joyvision/

【愛知県】JoyVision 愛知（メガネの井上）
TEL：052-601-5810
http://jvaoptinoue.client.jp

【愛知県】JoyVision 名古屋（近藤メガネ相談室）
TEL：052-654-5580
http://kondomegane.com/

【福井県】JoyVision 福井（メガネのホープ）
TEL：0778-42-7571
https://blogs.yahoo.co.jp/boxkokenyu

【京都府】JoyVision 京田辺（サポーツ京田辺）
TEL：0774-65-1316
http://www.shokokai.or.jp/cpsite/26/joyvisionkyotanabe/

【大阪府】JoyVision 茨木（オプトアイランド）
TEL：072-633-0210
http://joyvisionibaraki.client.jp/top.htm

【奈良県】JoyVision 奈良（オプト松本）
TEL：0744-35-4776
http://www.joyvision-nara.com/joyvision.html

【長崎県】JoyVision させぼ（尚時堂）
TEL：0956-63-2235
http://www.shojido.com/

【大分県】JoyVision 大分（メガネの豊福）
TEL：0972-62-2970
http://www.toyofuku.8cho.net/

【宮崎県】JoyVision 宮崎（伊東金銀店）
TEL：0985-26-2235
http://www.prop-ito.com/

【千葉県】かわばた眼科・視覚発達支援センター
TEL：047-700-6090
http://www.kawabataganka.com/

◆**編著者**◆

北出勝也（きたで・かつや）

視機能トレーニングセンター JoyVision 代表。米国オプトメトリスト。関西学院大学商学部卒業後，キクチ眼科専門学校に進む。米国オレゴン州のパシフィック大学に留学し，米国の国家資格ドクター・オブ・オプトメトリーを取得。オプトメトリストとは，眼の機能を検査し，最適なトレーニングを指導する視覚機能の専門家のこと。現在，「視機能トレーニングセンター JoyVision 代表」として，子どもたちやスポーツ選手の視覚機能検査とトレーニングに携わる。兵庫県の特別支援教育相談員を務めるほか，ビジョントレーニングの講座を全国各地で行っている。おもな著書『学ぶことが大好きになるビジョントレーニング──読み書き・運動が苦手なのには理由があった』『学ぶことが大好きになるビジョントレーニング2──見る力をグングン伸ばして楽しく学習』（著）図書文化，『発達の気になる子の学習・運動が楽しくなるビジョントレーニング』（監）ナツメ社ほか。

視機能トレーニングセンター JoyVision　ホームページ　http://www.joyvision.biz/

◆**表紙の絵**◆　　北出みき，北出みゆ

◆**分担執筆・取材協力者**◆

安達順一（あだち・じゅんいち）貝塚市立南小学校教諭
井阪幸恵（いさか・ゆきえ）和泉市立国府小学校教諭
大嶋有貴子（おおしま・ゆきこ）ハマダ眼科視能訓練士
加藤恵子（かとう・けいこ）鴨川市立天津小学校校長／前鴨川市教育委員会主任指導主事
金井なおみ（かない・なおみ）シーズ発達研究所
小宮圭子（こみや・けいこ）横須賀市立大塚台小学校養護教諭／前横須賀市立根岸小学校養護教諭
佐上公子（さがみ・きみこ）　東京共育学園高等部養護教諭
高橋奈緒子（たかはし・なおこ）富士見市発達障害情緒障害通級指導教室教諭
髙橋ひとみ（たかはし・ひとみ）桃山学園大学法学部健康教育学教授
武田貴行（たけだ・たかゆき）　兵庫県立和田山特別支援学校主幹教諭
竹本晴香（たけもと・はるか）視機能トレーニングセンター JoyVision 奈良トレーナー
濱田恒一（はまだ・つねかず）ハマダ眼科院長
浜田啓久（はまだ・よしひさ）南あわじ市立八木小学校教諭
本谷あゆみ（ほんや・あゆみ）東京都北区柳田小学校主幹教諭／巡回拠点「やなぎだ」巡回教員
槇場政晴（まきば・まさはる）大阪府立茨木支援学校指導教諭
松岡哲雄（まつおか・てつお）一般社団法人 子どもの発達を促す運動遊び協会代表理事
簗田明教（やなた・あきのり）かわばた眼科視覚発達支援センターセンター長

50音順／敬称略（2017年6月現在）

クラスで楽しくビジョントレーニング
見る力を伸ばして学力＆運動能力アップ！

2017年7月28日　初版第1刷発行　［検印省略］
2020年1月10日　初版第5刷発行

編 著 者　北出勝也Ⓒ
発 行 人　福富泉
発 行 所　株式会社　図書文化社
　　　　　〒112-0012　東京都文京区大塚1-4-15
　　　　　Tel. 03-3943-2511　Fax. 03-3943-2519
　　　　　振替　00160-7-67697
　　　　　http://www.toshobunka.co.jp/
組　　版　株式会社 Sun Fuerza
編集協力　辻由紀子
装　　幀　中濱健治
印刷製本　株式会社 厚徳社

JCOPY〈出版者著作権管理機構 委託出版物〉
本書の無断複写は著作権法上での例外を除き禁じられています。複写される場合は，そのつど事前に，出版者著作権管理機構（電話 03-5244-5088, FAX 03-5244-5089, e-mail: info@jcopy.or.jp）の許諾を得てください。

乱丁・落丁本の場合はお取り替えいたします。
定価はカバーに表示してあります。
ISBN 978-4-8100-7694-3　C3037